有机化学
课程思政案例

邵黎雄　主编
陈锡安　夏远志　副主编

化学工业出版社

·北京·

内 容 简 介

有机化学课程是高校化学及相关专业的核心基础课程，是一门特点鲜明的理论与实践相结合的课程，并与社会和生活息息相关。将有机化学课程教学与思政教育相融合，能在向学生传递专业知识的同时，提高学生的思想品格，实现全方面培养人才的目标。

本书由温州大学化学与材料工程学院有机化学教研室组织编写，针对有机化学课程特点，全书共编著了59个课程思政案例，吸纳了有机化学领域的重要人物和事件，包含家国情怀、责任担当、专业创新精神、职业道德、安全环保意识、绿色有机合成等体现有机化学课程教学特色的思政元素，力求以精简的小故事达到知识教学、育人、思维开发与能力培养的教学目的。

本书可为进行化学化工类及相关专业课程教学的教师提供参考和借鉴，也可供化学化工类及相关专业的学生使用。

图书在版编目（CIP）数据

有机化学课程思政案例/邵黎雄主编；陈锡安，夏远志副主编．—北京：化学工业出版社，2023.8
ISBN 978-7-122-44218-5

Ⅰ.①有⋯ Ⅱ.①邵⋯②陈⋯③夏⋯ Ⅲ.①思想政治教育-教案（教育）-高等学校 Ⅳ.①G641

中国国家版本馆 CIP 数据核字（2023）第 180582 号

责任编辑：李 琰　宋林青　　　　　　文字编辑：朱 允
责任校对：田睿涵　　　　　　　　　　装帧设计：韩 飞

出版发行：化学工业出版社（北京市东城区青年湖南街13号　邮政编码100011）
印　　刷：北京云浩印刷有限责任公司
装　　订：三河市振勇印装有限公司
787mm×1092mm　1/16　印张 9½　字数 171 千字　2024年2月北京第1版第1次印刷

购书咨询：010-64518888　　　　　　　　售后服务：010-64518899
网　　址：http://www.cip.com.cn
凡购买本书，如有缺损质量问题，本社销售中心负责调换。

定　价：39.00元　　　　　　　　　　　　　　版权所有　违者必究

前言

教育部于 2020 年印发《高等学校课程思政建设指导纲要》，全面推进高校课程思政建设。《纲要》指出，全面推进高校课程思政建设是深入贯彻习近平总书记关于教育的重要论述和全国教育大会精神、落实立德树人根本任务的战略举措，高校要深化教育教学改革，充分挖掘各类课程思想政治资源，发挥好每门课程的育人作用，全面提高人才培养质量。

在此背景下，课程思政建设得到了各高校的高度重视，在取得了一定成绩的同时，专业育人目标引领、各门课程围绕和呼应的整体效应尚未真正建立，课程思政育人实效尚有较大提升空间。主要原因是部分教师对课程思政教学改革的认识不足，未能将思政内容与专业知识进行有机融合，思政元素的讲解较为生硬，学生难以接受。同时，课程教学大纲还需要持续完善，特别是部分理工科课程，教学内容中重学科知识点的设计，轻思政目标的落实，并且在考试、考核等环节中课程思政的内容较为缺失，课程思政和育人目标是否得到有效实现还没有进行量化。另外，关于课程思政教学效果的评价还不够客观具体，学校在教师评奖评优、职称申报、岗位聘任等方面没有明确强调要将教师开展课程思政教学的情况和效果纳入评审指标，不利于课程思政工作的推进。

有机化学是研究有机化合物的结构、性质和制备的科学，是化学中极其重要的一个分支。据统计，化学学科的前沿成果 50% 以上都跟有机化学有关。有机化学是化学及相关专业本科生的重要基础课程，学好有机化学除了能够帮学生打好专业基础之外，对培养学生严谨的科学态度、理论联系实际的优良学风和勇于创新的科学精神也具有重要作用。因此，深挖有机化学中丰富的思政资源具有重要的现实意义。

近年来，温州大学化学学科得到了快速发展，专业建设水平得到了不断提升，有机化学课程在校内率先开展了系列改革创新，通过一系列探索，发展了若干特色教学方法，先后获批为省级精品课程（2006 年）、省级精品资源共享课（2012年）和省级一流课程（2020年），2023年入选国家级一流本科课程，当前正在大力推进信息化建设，自建MOOC等线上教学资源不断丰富。作为化学类专业的核心基础课程，本课程的课程思政教学改革带动了本校化学专业的其它课程建设，学科育人元素的有机融入有效推动了教学质量及专业建设的整体提升，支撑了化学专业的不断发展。

党的二十大报告将"办好人民满意的教育"的系列部署置于新时代实施科教兴国战略、强化现代化建设人才支撑的全局谋划之中。育人的根本在于立德，不断加强课程思政建设是全面贯彻党的教育方针、落实立德树人根本任务的重要举措。根据党的二十大报告精神以及当前高校课程思政建设过程中所存在的突出问题，结合时代特征和有机化学课程特色，编者根据自己多年有机化学理论课程及实验课程的教学经验，收集整理了课程思政教学资源59个，吸纳了有机化学学科领域具有代表性的人物、事件和重要应用，将家国情怀、责任担当、创新精神、职业道德、安全环保意识、绿色合成等思政元素与有机化学学科知识融为一体，旨在"春风化雨、润物无声"地引导学生在掌握专业知识技能的同时，树立正确的三观，促进远大理想与脚踏实地相结合，从而实现高等教育"教书与育人相统一"的目标。

本书可作为高等学校有机化学、有机化学实验、高等有机化学等课程的教学辅助读物，亦可作为化学类专业本科生、硕士研究生等学习有机化学的参考书。由于编者水平有限，难免有不足之处，欢迎读者批评和指正。

编者
2022年12月于温州大学

目 录

绪论 1

1　可燃冰——新型清洁能源 4
2　烷烃的工业来源——石化行业，国家富强的基础 6
3　中国自由基化学奠基人——刘有成 8
4　杀虫剂——六氯环己烷 10
5　氟利昂：臭氧层的破坏者 12
6　乙烯——石化工业之母 15
7　齐鲁石化 30 万吨乙烯工程 17
8　聚四氟乙烯：塑料之王 19
9　聚丙烯：口罩"心脏"熔喷布的生产 21
10　齐格勒-纳塔定向聚合催化剂 23
11　汽油中烯烃含量对环境的影响 26
12　天然橡胶 29
13　被称为"黑金"和"新材料之王"的石墨烯 32
14　人造羊毛丙烯腈、"的确良"与新中国纺织工业发展 35
15　苯环结构的探究历程 38
16　现代炸药苦味酸以及 TNT 的合成 41
17　唐本忠与 AIE 43
18　卤代烃：含卤农药分子 46
19　Science 观点：重新看待 S_N2 反应 48
20　"反应停"药物，是怎么从魔鬼变成天使的？ 51
21　史氏不对称环氧化 53
22　我国的酿酒历史 56

23	乙醇燃料的发展	58
24	乙醚及其它低沸点溶剂使用安全	60
25	重要的醇类消毒剂	62
26	冠醚的发现史	64
27	Wolff-Kishner-黄鸣龙还原——首个以中国科学家命名的有机化学反应	66
28	我国古代制醋工艺	69
29	反式脂肪酸	71
30	酯在香料行业中的应用：国产香水	73
31	合成纤维之王——涤纶	75
32	碳酸二甲酯的合成与应用	77
33	甘油三硝酸酯	82
34	阿司匹林、海洛因的合成——费利克斯·霍夫曼	85
35	吲哚类化合物：浓度决定香臭	88
36	胺的偶合反应合成有机偶氮染料	90
37	冰毒	92
38	吗啡的前世今生	94
39	苏丹红与食品安全	97
40	三聚氰胺与"毒奶粉"	99
41	季铵盐和相转移催化	101
42	茶与茶文化	103
43	葡萄糖的历史	105
44	伍德沃德——现代有机合成之父	107
45	屠呦呦与青蒿素	110
46	我国实现结晶牛胰岛素的首次全合成	113
47	杨震与紫杉醇的合成	115
48	自主创新的抗癌药物：埃克替尼	117
49	胺的磺酰化反应——应用于抗生素磺胺类药物的合成	119
50	香兰素	121
51	人类历史上第一种人工合成染料——苯胺紫	124

52 喜树碱类药物研究发展历程	126
53 麝香	129
54 青霉素的发现	131
55 麻醉药的故事	133
56 保罗·阿纳斯塔斯与绿色化学的12项基本原则	136
57 瑞典化学家舍勒和他的杰出贡献	138
58 原子弹与中国氟化学	141
59 研究论文——芳环断裂制备烯基腈	143

绪 论

有机化学又称为碳化合物的化学，是研究有机化合物的结构、性质、制备的学科，是化学中极重要的一个分支。含碳化合物被称为有机化合物是因为以往的化学家们认为含碳物质一定要由生物（有机体）制造。然而，1828年，德国化学家弗里德里希·维勒（Friedrich Wohler），在实验室首次成功合成尿素，自此以后，有机化学便脱离传统所定义的范围，扩大为含碳物质的化学。

随着有机化学从稚嫩发展到成熟，逐渐开始与其它学科进行交融。

(1) 有机化学与材料科学的交叉

材料科学的发展离不开有机化学。从有机金属材料到有机高分子材料再到复合材料，我们看到了有机化学在材料领域里广阔的发展空间。这是化学与物理的完美结合，没有化学就没有材料，尤其没有新的功能材料。美国科学家 A. F. Heeger、A. G. Macdiarmid 和日本科学家 H. Shirakawa 因为发现聚乙炔（polyacetylene）的导电性而获得 2000 年诺贝尔化学奖，此后又合成了一系列其它导电高分子材料，从而产生了液晶电视（被动显像）、电致发光显示屏（主动显像）、光纤、锂电池、镍氢电池、压电陶瓷等。

(2) 有机化学与生物科学的交叉

自从 1953 年 J. Watson 和 F. H. C. Crick 在 *Nature* 杂志上提出 DNA 双螺旋结构模型以来，生物学家就一直致力于阐明生命过程。但是涉及如何去调控这一过程的问题，则是留给化学家们的一个艰巨的挑战。比如一氧化氮分子在人体内的作用表明了化学过程是生命活动的基础。人怎样才能减缓衰老，或者夸张地说，怎样才能避免死亡，这都是化学家们应该思考的问题。

化学生物学正在成为一个重要的新兴交叉学科。它是有机化学与生物学和医学等学科领域相互交叉、相互渗透的产物。分子生物学的手段也被用来解决有机化学问题。其主要策略是采用天然的或人工设计合成的小分子作为探针改变生物分子的功能，探讨各种生理和病理过程中分子识别和信号通路的分子机制。这些研究得到的成果不仅有助于阐明细胞过程的细节和调节机制，增进在分子水平上对生命的认识，而且对于创制和发展新药也具有重要意义。化学生物学的中心任务就是用小分子达到对生命过程的调控。需要化学家研究的领域：①发现并研究新的生物活性分子；②DNA序列测定虽然已经解决，人类基因组计划（human genome project，HGP）也已经完成，但对其功能和作用的研究还几乎处于空白状态；③酶结构和催化功能的关系研究；④通过化学方法合成生物活性分子并模拟生命过程和生命体系的合成。

（3）有机化学与药物化学的交叉

药物化学（medicinal chemistry）是建立在化学学科和生物学科基础之上，设计、合成和研究用于预防、诊断和治疗疾病的药物的一门学科。研究内容涉及发现、发展和鉴定新药，以及在分子水平上解释药物及具有生物活性化合物的作用机制。此外，药物化学还涉及药物及其有关化合物代谢产物的研究、鉴定和合成。药物化学不同于化学。例如：同样是浓度95%的乙醇，化学纯级的乙醇和药用级的乙醇有什么区别？药用级乙醇对于乙醇挥发物中甲醇、异丙醇残留有严格的要求。化学纯级则无以上要求，常用于日常的理化分析及大批量生产的分离提取纯化工作。药物化学在制药方面有重要作用。

从以上几个化学与其它领域的交叉发展可以看出，在未来，化学也不再局限于单纯地与某个学科交叉，而是更大范围内的合作。这种跨多领域的综合发展也对我们的综合素质、基础知识和综合运用能力提出了更高要求。

化学是与信息科学、生命科学、材料科学、环境科学、能源科学、地球科学、空间科学和核科学等八大朝阳科学（sun-rise sciences）都有紧密联系、交叉和渗透的中心科学。20世纪的化学取得了辉煌的成就，21世纪的化学将在与物理学、生命科学、材料科学、信息科学、能源科学、环境科学、空间科学等的相互交叉、相互渗透、相互促进中共同发展。

未来化学学科的发展，主要是在理论和交叉领域这两个方面。还存在许多现有理论需要我们去完善，还有许多现在无法解释的问题需要新的理论去解释，还有许多难题亟待解决。在交叉领域，化学与材料科学、生命科学、能源科学、环境科学等学科相互渗透、相互影响、相互合作，给化学的发展带来了新的契机。

参考文献

[1] 郑晓瑛. 交叉学科的重要性及其发展. 北京大学学报（哲学社会科学版），2007(3):141-147.

[2] 徐晓白,祝心如.化学与生态学交叉学科的前沿研究领域.中国科学基金,1996(4):40-43.
[3] 吴厚铭.化学生物学——新兴的交叉前沿学科领域.化学进展,2000(4):423-430.

(作者:雷云祥)

1 可燃冰——新型清洁能源

可燃冰不是冰，而是一种自然存在的微观结构为笼型的化合物。可燃冰是其俗称，其外观结构看起来像冰，且遇火即可燃烧。可燃冰的学名为"天然气水合物"，是天然气在低温高压的作用下结晶而成的"冰块"。因此，这种天然气水合物又被称为"固体瓦斯"或"气冰"。

形成可燃冰必须满足三个基本条件。首先，要有一定数量的天然气作为原材料。其次，必须是低温条件，可燃冰在 0~10℃时生成，超过 20℃就会分解。最后，必须在高压条件下才能生成。在 0℃时，需要 30atm（1atm＝101.32kPa）才可以生成可燃冰。

可燃冰作为世界公认的清洁高效的能源，吸引了各国的关注和资金投入。2017年5月18日，中国地质调查局宣布，我国在南海北部神狐海域进行的可燃冰试采获得成功，标志着我国成为全球第一个实现在海域可燃冰试开采中获得连续稳定产

气的国家。美国有线电视新闻网（CNN）报道称，"中国实现了历史性突破，将会推动整个世界能源利用格局的改变"。

随着世界环境问题的日益严重以及能源问题的日渐突出，降低能源消耗，减少污染物的排放是重中之重，要严格遵循可持续发展理念，实现"蓝天白云"的环保梦想。可燃冰储备丰富，分布广泛，高效清洁（可燃冰燃烧仅生成少量的二氧化碳和水，污染远小于普通化石燃料）。因此，研究人员将其作为战略后备能源的首选，商业开发前景广阔。同时可燃冰的商业化将对我国能源结构产生重大影响，有助于提高能源自给率，保障国家能源安全，同时缓解煤炭、石油等带来的环境污染问题，实现我国经济社会持续健康发展。

参考文献

[1] 余木宝. 我国可燃冰开发实现历史性突破. 中国石化，2017（6）：28-31.
[2] 黄雨薇. 可燃冰，未来理想的优质清洁能源. 中国石化，2017（6）：32-34.

（作者：涂海勇）

2 烷烃的工业来源
——石化行业，国家富强的基础

烷烃的主要来源是石油，以及与石油共存的天然气。烷烃的含碳个数一般为 1～40 个。天然气中只包含挥发性比较大的烷烃，也就是分子量低的烷烃，主要是甲烷，还有少许乙烷、丙烷和丁烷，其含量依次降低。而石油经过蒸馏分成各种馏分，每一个馏分由含有一定范围碳原子数的烷烃组成，对各个馏分的利用主要是根据它们的挥发性或黏度。

石油化学工业简称石化工业，是化学工业的重要组成部分，其产品涉及其它行业，如农药行业、化肥行业、橡胶助剂行业、合成材料行业等。其在国民经济的发展中有重要作用，是国家的支柱产业之一。

石化工业上游主要是石油开采与炼制行业，包括油气开采和运输、炼油和石油化工产品加工制造过程，中游为基本有机化工与高分子化工行业，下游行业为农业、能源、交通、机械、电子、纺织、轻工、建筑、建材等工农业和为人民日常生活提供配套和服务的行业。需要注意的是，在石油化工生产过程中，为了促进炼油和石油裂解过程，会添加化工催化剂以提高生产效率。

中国石油和化学工业联合会发布的数据显示，2021 年我国石油和化工行业运行总体平稳有序，主要经济指标较快增长，营业收入和利润总额创新高。2021 年我国石油和化工行业实现营业收入 14.45 万亿元，实现利润总额 1.16 万亿元，双双创出历史新高,石化行业利润历史上首次突破万亿元。到2021年底石油与化工行业规模以上企业数量26947家,比上年底增加908家,这是连续5年减少的情况下首次实现增加。

中国的目标是在2025年实现炼化一体化率20%,政策导向更明确地支持炼化一体化、规模大型化发展。"十四五"时期是我国实现第二个"一百年"奋斗目标的起步期,也是我国由石油化工大国向强国跨越的关键5年,我国石化行业也同样面临由石化大国向石化强国转型升级的压力。目前我国石化工业体量很大,但是在下游高附加值化学品制造等领域仍存在严重的短板,例如,一些高品质润滑油长期被发达国家垄断。作为化学、化工相关专业的学生,我们要充分认识到石化行业的重要性,以及我国该领域的企业与阿克苏诺贝尔、艾克森美孚、道达尔等国际石化巨头之间的差距,提高自身竞争力。

参考文献

[1] 蒲波.中国石油化工产业现状及竞争力分析.化工管理,2021,594(15):11-12.
[2] 黄清清.石油化工贸易现状及其展望.管理观察,2019,720(13),26-27.

(作者:罗燕书)

3 中国自由基化学奠基人——刘有成

刘有成是中国自由基化学奠基人。回顾他的一生，少年时期刻苦读书立志报国，青年时期潜心科研为国奉献，中年时期培养人才贡献突出，即使到了晚年也依旧牵挂我国的科学和教育事业。这样的一生，堪为典范。

刘有成1920年生于安徽省舒城县。在求学时期，他一直成绩优异。1938年9月，刘有成考入国立中央大学学习农业化学，在倪则埙、高济宇等老师的影响下，刘有成对化学产生了浓厚的兴趣，立下了学习有机化学的志向。1944年，他考取英国文化委员会奖学金，并于1945年赴英国利兹大学留学，获博士学位。1951年10月，刘有成到芝加哥大学，师从国际自由基化学的奠基人之一 M. S. Kharasch。在 Kharasch 教授的指导下，刘有成开展了格氏试剂与二氯化钴的反应、过氧化物分解的反应，以及气相溴化反应和光反应等自由基化学的基础研究工作。他发表的有关自由基重排反应的论文是国际上关于该问题的首次报道。

1954年，刘有成克服了层层阻难归国，决心将一身学识报效祖国。1955年，他来到兰州大学工作。刘有成说："祖国哪里最需要，我就到哪里去。"刘有成告别家乡，说服亲人，全家迁往西北。他在当时条件十分艰苦的兰州大学，白手起家，创建了国内第一个自由基化学研究小组。

无论在怎样的环境下，刘有成始终保持着高昂的工作热情和求真务实的工作作风。之后，他又在自由基化学、单电子转移反应、辅酶 NADH 模型还原反应机理等研究领域取得了一系列原创性科研成果，获得奖项无数。同时，他还积极参加国家各种建设，参与了大量的学术咨询和服务工作，为国家的科学技术和高等教育事业出谋划策，作出突出贡献。

作为教育工作者，刘有成几十年如一日，满心热忱地以培养合格的社会主义建设者和接班人为己任而努力付出。晚年更是拿出 30 万元积蓄设立"刘有成奖学金"，奖励给中国科学技术大学贫困学生，让他们安心读书。他在接受媒体采访时说："我出生于清贫的书香世家，没钱念书，只有靠奖学金才能完成学业并出国深造，这些难得的机遇是我料想不到的。在长达五十多年的工作时间里，我体会到人生的价值在于奉献这一真谛。"

2016 年 1 月 31 日，刘有成在合肥逝世，享年 96 岁。他的一生，成就斐然，为我国的科学和教育事业作出突出贡献，他坚定不移的爱国情怀和精神值得被传承。

参考文献

[1] 张志辉，龙瀛，刘培. 一位自由基化学家的回忆. 中国科技史杂志，2011（2）：243-255.
[2] 张正斌. 献身科研终不悔——记中国自由基化学的奠基人刘有成院士. 中国科技奖励，2008（9）：58-59.

(作者：涂海勇)

4 杀虫剂——六氯环己烷

六氯环己烷是一种有机化合物，因其分子式为 $C_6H_6Cl_6$，故又称"六六六"，白色晶体，有 8 种同分异构体，对昆虫有触杀、熏杀和胃毒作用。作为一种成本低的广谱性杀虫剂，六氯环己烷曾在世界各地尤其是我国广泛使用。

但是，人们逐渐发现它具有一些难以避免的危害。首先，六氯环己烷对人体有害。人体中毒时，对神经系统的影响主要表现为头痛、头晕、多汗、无力、震颤、上下肢呈癫痫状抽搐、站立不稳、运动失调、意识迟钝甚至昏迷，并可因呼吸中枢抑制而呼吸衰竭。对消化系统的影响有流涎、恶心、呕吐、上腹不适疼痛而腹泻等。对呼吸及循环系统的影响有咽、喉、鼻黏膜充血，喉部有异物感，吐出泡沫痰、带血丝，呼吸困难，肺部有水，血压下降、心律不齐、心动过速甚至心室颤动。刺激皮肤使皮肤潮红，产生丘疹、水疱、皮炎，甚至糜烂。刺激眼部导致流泪，剧烈疼痛。大剂量的六氯环己烷会伤害中枢神经系统和某些实质脏器。世界卫生组织国际癌症研究机构公布的致癌物清单中，六氯环己烷列为 2B 类致癌物。

其次，六氯环己烷很难降解。目前它已被列入 POPs（持久性有机污染物，persistent organic pollutants）公约名单。它是一类具有长期残留性、生物累积性、半挥发性和高毒性，并通过各种环境介质（大气、水、生物等）能够长距离迁移，对人类健康和环境具有严重危害的天然的或人工合成的有机污染物。目前，POPs 公约名单中的物质的巨大危害和淘汰、削减的必要性已成为国际社会共识。中国是 POPs 公约的正式缔约方，是 2001 年 5 月 23 日首批签署公约的国家之一。

当经济利益与环境保护冲突时，一定要坚持可持续发展的战略。所以尽快淘汰六氯环己烷等势在必行。

参考文献

[1] 廖培成.关于六六六无效体利用问题的建议.农药,1980(04):60.
[2] 魏云燕.中国与欧盟水环境排放标准体系的对比研究.中国科技信息,2012(11):34.

(作者:罗燕书)

5 氟利昂：臭氧层的破坏者

氟氯碳化物（CFCs）俗称氟利昂。它是20世纪20年代合成的，其化学性质稳定，不具有可燃性和毒性，作为制冷剂、发泡剂和清洗剂，广泛用于家用电器、泡沫塑料、日用化学品、汽车、消防器材等领域。20世纪80年代后期，氟利昂的生产达到了高峰，产量达到了144万吨。对臭氧层破坏的关注始于1970年，一些科学家开始认识到了臭氧层破坏的化学机制，提出了研究报告，并断定氟利昂等消耗臭氧的物质是臭氧层破坏的元凶。1985年，英国科学家观测到南极上空出现臭氧层空洞，并证实其同氟利昂分解产生的氯原子有直接关系。科学家估计，由CFCs所释放出的1个氯原子，只要数月的时间，就能使大约10万个臭氧分子消失。在对氟利昂实行控制之前，全世界向大气中排放的氟利昂已达到了2000万吨。由于它们在大气中的平均寿命达数百年，所以排放的氟利昂大部分仍留在大气层中，其中大部分停留在对流层，一小部分升入平流层。在对流层相当稳定的氟利昂，在上升进入平流层后，在一定的气象条件下，会在强烈紫外线的作用下被分解，分解释放出的氯原子同臭氧会发生连锁反应。

作用机理：在正常状况下，平流层中的臭氧分子处于一种动态平衡的状态。高层大气中的氧分子（O_2）吸收紫外线，分解成活泼的氧自由基（$O·$）：

$$O_2 + h\nu \longrightarrow 2O·$$

氧自由基再与邻近的氧分子反应生成臭氧：

$$O· + O_2 \longrightarrow O_3$$

臭氧也会因受强烈紫外线照射而分解，生成氧自由基和氧分子，或是与活泼的氧自由基作用形成氧分子：

$$O_3 + h\nu \longrightarrow O_2 + O· \qquad O_3 + O· \longrightarrow 2O_2$$

因此，臭氧在不断地形成与分解，维持着一种动态的平衡。而氯会破坏这种平衡，CFCs在平流层受强烈的紫外线照射而分解产生氯自由基，氯自由基会与臭氧反应，生成$ClO·$：

$$Cl\cdot + O_3 \longrightarrow ClO\cdot + O_2$$

ClO·非常活泼，会与氧自由基反应，生成氯自由基和较稳定的氧分子。

$$ClO\cdot + O\cdot \longrightarrow Cl\cdot + O_2$$

臭氧层被大量损耗后，吸收紫外线的能力大大减弱，导致到达地球表面的紫外线明显增加，会给人类健康和生态环境带来多方面的危害。对人体健康的影响：(1) 实验证明紫外线会损伤眼角膜和眼球晶状体从而引起白内障、眼球晶状体变形等病症，据分析，平流层臭氧每减少1%，全球白内障的发病率将增加0.6%~0.8%，由白内障而引起失明的人数每年将增加10000~15000人；(2) 紫外线的增加会明显增加人类患皮肤疾病的可能，最新的研究结果显示，臭氧浓度下降10%，非恶性皮肤瘤的发病率将会增加26%，这种危害对儿童尤其严重。此外，紫外线对于农作物，甚至海洋生态体系都会造成负面影响。然而这层能吸收紫外线的臭氧已经受到严重破坏，而且情形一年比一年恶化，臭氧层破坏已成为当今全球环境问题之一。

现代社会中，氟利昂等物质应用非常广泛，要全面淘汰必须首先找到氟利昂的替代物质和替代技术。在特殊情况下必须使用时也应努力回收，尽可能重复利用。1985年，在联合国环境规划署的推动下，制定了《保护臭氧层维也纳公约》。1987年，联合国环境规划署组织制定了《关于消耗臭氧层物质的蒙特利尔议定书》（简称《蒙特利尔议定书》），对8种破坏臭氧层的物质（简称受控物质）提出了削减使用的时间要求。中国于1992年加入了《蒙特利尔议定书》，并相应出台了《中国消耗臭氧层物质逐步淘汰国家方案》，提出：CFCs将在2010年完全停产；工业、商业制冷行业，将采用国际上经过商业化证明的替代技术；在离心式制冷机中将以HCFC-123或HFC-134a替代CFCs。目前，向大气层排放的破坏臭氧层的物质已

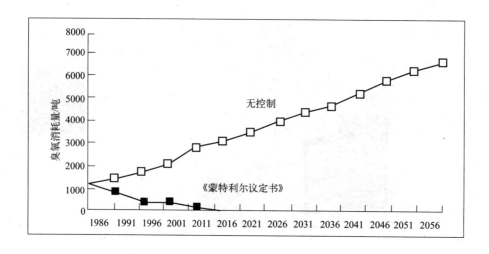

摘自：Environment Canada 1997

经逐年减少，从1994年起，对流层中破坏臭氧层的物质的浓度开始下降。到2000年，平流层中破坏臭氧层的物质的浓度达到最大限度，然后开始下降。但是，由于氟利昂相当稳定，即使议定书完全得到履行，臭氧层的破坏也只能在2050年以后才有可能完全复原。人类面临日益严重的环境问题，我国率先在世界上提出了"碳达峰、碳中和"的庄严承诺，加快淘汰高耗能、高污染产业，体现出一个泱泱大国应有的道义和责任。

参考文献

[1] 刘新州,任怀君.空调与环保——臭氧层破坏和损耗:2003年福建省暖通空调制冷学术年会论文资料集. 2003:198-201.

[2] 郭武臣.臭氧层被破坏的主要原因.黑河教育,2003(Z1):33.

[3] 李莉.臭氧层的破坏及其影响.河北理工学院学报（社会科学版）,2003(S1):103-105.

（作者：雷云祥）

6 乙烯——石化工业之母

乙烯工业是石油化工产业的核心，乙烯产品占石化产品的 75% 以上，在国民经济中占有重要的地位，被称为"石化工业之母"。乙烯的工业用途广泛，是合成树脂、合成纤维、合成橡胶、医药、染料、农药、化工新材料和日用化工产品的基本原料，这些化工产品对促进国民经济发展和改善人民生活水平具有重要作用。

我国乙烯工业从 20 世纪 60 年代起步，当时每年仅能生产乙烯 5000 吨。1976 年 5 月，我国引进的第一套大型乙烯项目——燕山石化 30 万吨乙烯工程建成投产，标志着我国乙烯工业开始走上大型化、规模化发展之路。随后，大庆石化、齐鲁石化、扬子石化、上海石化、茂名石化等企业相继进行大规模的设备和技术引进，建成投产一批 30 万吨乙烯工程，迅速缩短了我国乙烯工业与世界先进水平的差距。2005 年我国乙烯生产能力达 787.5 万吨，比 1983 年的 62 万吨增长了 11 倍多，乙烯生产能力跃居世界第二位，乙烯工业总体水平步入了世界先进水平行列。

乙烯是石化工业的龙头产品，是生产有机原料的基础。世界各国普遍把乙烯工业作为其产业布局的重要环节，乙烯产量也被看作一个国家经济综合实力的体现。"大乙烯"项目是我国石化核心竞争力的龙头。测算表明，大型乙烯企业带动下游产业的增长系数为 1∶50。每个百万吨乙烯生产基地建成投产后，不仅企业本身的销售收入可以超过 200 亿元，而且可带动下游 1000 多亿元产值的产业投资。2020 年我国乙烯消费结构如图所示。

乙烯是石化工业的基础原料，是衡量一个国家石油化工发展水平的重要标志之一。众多民族企业和科学家团队为中国乙烯工业的发展而努力奋斗着。"青春由磨砺而出彩，人生因奋斗而升华。"我们当代年轻人要努力学习专业知识，接过发展我国石油化工的接力棒，为国家基础行业的发展贡献出自己的力量！

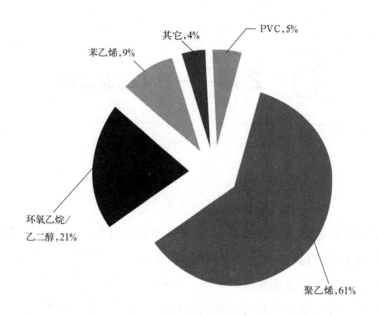

参考文献

[1] 陆浩. 我国乙烯工业及下游产业链发展现状与展望. 当代石油石化, 2022, 30 (4): 22-27.
[2] 陈浩, 詹小燕, 郭振宇. 乙烯产业发展现状及趋势. 石化技术与应用, 2020, 38 (6): 363-366.

(作者：涂海勇)

7 齐鲁石化 30 万吨乙烯工程

齐鲁石化 30 万吨乙烯工程是国家重点建设的四大乙烯工程之一，是中共中央、国务院批准的成套引进项目，是国家"六五""七五"期间的重点工程，承载着振兴祖国石化事业的重任。30 万吨乙烯建设，是石化人励精图治、奋发有为的成果，是化工行业创新与突破的壮举，是中国工业一次蓄势待发的腾飞！

1978 年，国内对化工产品的需求量日渐增加，全世界乙烯总产量高达 6000 万吨，而中国总产量却不足 70 万吨，这不仅制约经济发展，而且连人们制作衣服面料的材料都不能满足。1978 年 3 月，经过专家多方论证，国家决定引进四套 30 万吨大型成套乙烯装置，齐鲁 30 万吨乙烯工程就是这四套重点建设项目之一。1984 年 1 月 23 日，国家计划委员会批复齐鲁乙烯工程总体规划设计。1984 年 4 月 1 日，30 万吨/年乙烯 6 套生产装置正式开工建设。全体干部职工在荒郊野岭风餐露宿，日夜奋战。1986 年 6 月 30 日，动力开工锅炉点火一次成功。1987 年 5 月 25 日 10 点 30 分，乙烯装置投油一次成功，经过 128 小时的安全运行，打通全部流程，产出合格乙烯，创造了国际同类乙烯装置开车的新纪录。同年 6 月 12 日、20 日，高密度聚乙烯装置 A 线、B 线先后产出合格产品。同年 10 月，芳烃装置也实现了化工投料一次成功。1996 年 2 月 13 日，国家经济贸易委员会批复了《齐鲁乙烯改扩建工程可行性研究报告》，45 万吨乙烯装置扩建改造正式开始实施。经过两年多的建设，1998 年 9 月 27 日改扩建后的装置实现一次投料开车成功，年生产能力达到 45 万吨，1999 年生产乙烯 49.54 万吨，超越了设计能力。2001 年产出乙烯 55.5 万吨，位列全国榜首。2002 年 3 月，国家批复了齐鲁 72 万吨乙烯技术改造的报告，并将该项目列为国家"十五"重点技改项目。2004 年 10 月 7 日，历时 83 天的 72 万吨改扩建工程一次开车成功，乙烯裂解装置产出合格乙烯产品。齐鲁石化 30 万吨乙烯工程是当时中国最大、设备最现代化的乙烯工程。

今天，我国石化工业已经壮大，为国民经济的发展作出了巨大贡献。这枚齐鲁 30 万吨乙烯工程的邮票，承载着当时五万多名石化建设儿女在乙烯工地上的艰辛、泪水和汗水，为祖国的荣耀而忘我拼搏、奋斗甚至不惜生命的青春岁月。齐鲁石化人的奋斗历程正是对"爱我中华，振兴石化"精神的最好诠释。乙烯产业的发展有力地体现了科技的进步对我国经济发展的重要作用，而经济的发展又反向推动了科技领域的进步。因此，我们的科技水平和祖国的发展息息相关。

参考文献

[1] 赵剑霞，王松汉. 小乙烯工程脱困改造的建议. 乙烯工业，2002, 14（2）：8-11+7.
[2] 秦文灿. 乙烯工程大型化技术取得重大突破. 中国石化报，2004.

（作者：雷云祥）

8 聚四氟乙烯：塑料之王

塑料是生活中随处可见的一种材料，包括日常工作生活中用到的包装袋，手机、电脑等电子产品，以及汽车和飞机等交通工具，都存在塑料的身影。塑料的化学成分主要是树脂类高分子聚合物，还包括填料、增塑剂、稳定剂、润滑剂、色料等添加剂。塑料的历史可以追溯到19世纪，当时的人们已经学会利用松香、沥青、琥珀和虫胶等天然树脂。1909年，在美国出现了第一种人工合成的塑料——酚醛塑料，并实现了工业化，开启了人类使用塑料的大门。随着化学化工的发展，醇酸树脂、聚乙烯、聚丙烯、聚氯乙烯、聚四氟乙烯、聚苯乙烯、环氧树脂、聚甲醛和聚苯醚等具有不同性能和用途的塑料不断地被发明出来，出现在人类社会的每个角落，深刻地影响人类的生活，塑料也被誉为"20世纪最伟大的发明之一"。

目前发明的塑料种类已经有几千种，日常生活中常用的有140多种，这两个数字还在不断地增加。在这么多塑料中，聚四氟乙烯由于其极强的稳定性和广泛的应用范围，被称为"塑料之王"。聚四氟乙烯是由杜邦公司的科学家罗伊·普伦基特在1938年发明的。聚四氟乙烯的化学性质非常稳定，耐强酸、浓碱和强氧化剂，几乎不溶于任何溶剂，除了能与熔融的碱金属发生反应外，不受任何物质的侵蚀，即使在氢氟酸、王水和氢氧化钠中煮沸，也不发生任何变化。聚四氟乙烯的摩擦系数特别小，是当时已发现的最光滑的物质。此外，它的介电性能也特别好，而且介电性能与频率无关，也不随温度而改变，这些性能让它在电器中可以作为很好的绝缘材料。

几年后，聚四氟乙烯材料被应用于"曼哈顿工程"原子弹的制造：作为涂层材料覆盖在离心机上，从具有极强腐蚀性的铀六氟化物提炼铀235。1946年，聚四氟乙烯开始了工业化生产和应用。由于其优异的耐酸碱、抗氧化老化、不易变形等性能，聚四氟乙烯被广泛应用于各种密封材料和管材的制备。由于摩擦系数较小，它被应用于机械上的各种轴承、齿轮、滑轮等的制造，在某些不宜加润滑油的生产场景中有着非常重要的应用。聚四氟乙烯还被用到了厨房里，不粘锅就是通过聚四氟乙烯涂层实现的。聚四氟乙烯还被应用到了航空工业，飞机的外表面涂一层聚四氟乙烯，起到很好的耐酸碱隔离作用。迪拜的帆船酒店，其外墙也应用涂覆了聚四氟乙烯的玻璃纤维。白天，这些表面膜材料可以有效地抵抗紫外线、火灾、昼夜温差和沙尘暴；夜间，它们就变成了一个巨大的投影屏幕，美轮美奂。科技的发展为人民物质生活水平的提高提供了巨大的动力，作为新时代的大学生，应该深刻理解二十大中关于科技创新的描述，努力学习知识，开拓创新，为建设科技强国贡献自身的力量。

参考文献

[1] 塑料垃圾 让人又爱又恨.塑料制造,2013,11：45-46.

[2] 孙玉红.聚四氟乙烯的性能与应用.科技资讯,2008,12：6-7.

（作者：陈建辉）

9 聚丙烯：口罩"心脏"熔喷布的生产

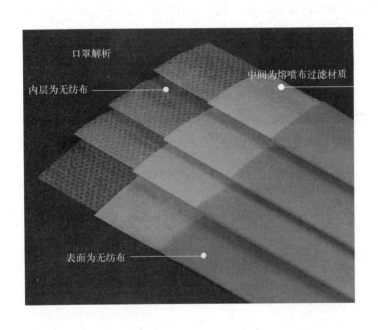

聚丙烯（PP），是一种无色、无臭、无毒、半透明固体物质，是一种性能优良的热塑性合成树脂，为无色半透明的轻质通用塑料，具有耐化学性、耐热性、电绝缘性、高强度机械性能和良好的耐磨加工性能等特性。这些特性使得聚丙烯自问世以来，便迅速在机械、汽车、电子电器、建筑、纺织、包装、农林渔业和食品工业等众多领域得到广泛的开发应用。

在2019年新冠疫情来临之前，几乎没有人关注聚丙烯的生产供应问题。疫情开始仅三个月，它就变得炙手可热。这是因为聚丙烯是生产口罩的关键原材料。聚丙烯熔喷布，通常称为口罩的"心脏"，是口罩中间的过滤层，可以过滤细菌并防止细菌传播，其纤维直径仅为头发的十分之一。尽管原料是聚丙烯，但熔体在生产过程和用于喷涂布与其它非织造材料的性能上却有很大差异。熔喷布的特殊材料是具有高熔融指数的聚丙烯。熔融指数是指每 10 分钟通过标准模具毛细管的熔体质量，值越大，材料的加工流动性越好。聚丙烯的熔融指数越高，熔喷纤维越细，熔喷织物的过滤性越好。疫情初期，很多企业都转产口罩，熔喷布价格涨幅很大，全国熔喷布严重不足，主要是由于生产工艺不够先进，导致没有足够多熔喷布供应市场，口罩生产卡在了熔喷布环节上，而当时通过进口解决问题也几乎不可能。

为了解决高熔融指数难题，国内很多企业抽调力量组建了研发团队开展配方研究、测试分析和放大实验等工作，努力克服设备、技术种种困难，才终于成功攻克高熔融指数聚丙烯改性生产难题。后来，我们国家的聚丙烯熔喷布产量大幅提升，口罩产能也突飞猛进，为控制疫情提供了强有力的保障。可见，化工产品的生产能力关系到国家安全和国民生活的方方面面，我们只有掌握了这些产品最先进的生产工艺，才能在关键时刻不依赖外力，实现自给自足。

参考文献

[1] 关远华,陈招.聚丙烯材料生产过程中增韧改性效果研究.当代化工,2023,52（05）:1052-1056.

[2] 冯智,何彩婷,崔中雪,等.口罩用聚丙烯熔喷布的结构与过滤性能研究.中国纤检,2023（03）:108-112.

（作者：罗燕书）

10 齐格勒-纳塔定向聚合催化剂

有人说，离开聚烯烃产品，也就是常见的塑料、合成橡胶等制品，现代社会将难以维系，我们已经无法想象没有塑料的生活。现在，聚烯烃产品遍布我们生活的方方面面，它们在日用品、包装、农业、电子电气、机械等方面都有非常广泛的用途。而这些产品的生产得益于一种化学催化剂——齐格勒-纳塔（Ziegler-Natta）催化剂。齐格勒-纳塔催化剂是指由元素周期表中ⅣB～ⅧB族的过渡金属盐和ⅠA～ⅢA族的金属烷基化合物、卤化烷基化合物或氢化烷基化合物组成的催化体系，其典型代表是$TiCl_4$或$TiCl_3$与$Al(C_2H_5)_3$组成的体系。最重要的过渡金属盐是钛、钒、锆、铬、钴、镍的卤化物，以及低价卤化物和卤氧化物，也可用羧酸基、烷氧基、乙酰丙酮基和环戊二烯基等的过渡金属化合物。

卡尔·齐格勒

居里奥·纳塔

卡尔·齐格勒（Karl Waldemar Ziegler，1898—1973年，德国化学家）和居里奥·纳塔（Giulio Natta，1903—1979年）因为他们在聚合反应催化剂研究方面的巨大贡献共同获得 1963 年诺贝尔化学奖。

烯烃聚合最初采用的是自由基聚合，采用这一机理需要高压反应条件，并且反应中存在着多种链转移反应，导致支化产物的产生。对于聚丙烯，问题尤为严重，无法合成高聚合度的聚丙烯。1953 年，齐格勒和他的研究小组用 $TiCl_4$ 和 $Al(C_2H_5)_3$ 为催化剂，在低压下制得了高密度聚乙烯。该项成果于 1954 年在意大利 Montecatini 公司实现工业化。1954 年 3 月 11 日，意大利的纳塔改进了齐格勒催化剂，用 $(C_2H_5)_2AlCl$ 和 $Al(C_2H_5)_3$ 为催化剂，在低压下聚合成聚丙烯，确认了聚烯烃的立体异构化学。他成功地区分了高立构规整性结晶聚烯烃、间规聚烯烃以及无规无定形聚烯烃。目前得到公认的齐格勒-纳塔聚合机理为：乙烯先在空位上配位，生成 π-络合物，再经过移位插入，留下的空位又可给第二个乙烯配位，如此重复进行链增长：

定向聚合是高分子科学发展过程中的一个里程碑，它标志着人类第一次可以在实验室内从烯烃、二烯烃及其它单体合成过去只有生物体内才能合成的高分子。齐格勒-纳塔催化剂已用于高密度聚乙烯、全同立构的聚 α-烯烃以及高顺式-1,4-聚双烯烃（顺丁橡胶、异戊橡胶）等的生产。从生产角度来讲，齐格勒-纳塔催化剂的出现使得聚烯烃的生产不再需要高压，减少了生产成本，并且使得生产者可以对产物结构与性质进行控制，极大地推动了经济的发展，促进全球经济的繁荣。同时，聚烯烃产品的出现也大大减少了木材、玻璃等材料的使用，而这对环境的正面影响是巨大的。从科学研究角度上，齐格勒-纳塔催化剂带动了对聚合反应机理的研究，开创了定向聚合的新领域。

聚烯烃制备中聚合催化剂的开发是科学上理论与实际结合的典范。科学研究需要人们强烈的好奇心，但其终极目的是要有益于社会的发展，改善人们的生活，这应是全体化学科研工作者及相关学科科研人员的永恒追求。

参考文献

[1] 詹海容,杨雪,袁宗胜.齐格勒-纳塔催化剂发展历程及发展均势.化工科技市场,2008,31(12):6-9.
[2] 王志武.丙烯聚合用齐格勒-纳塔催化剂的作用机理.工业催化,2003,11(11):1-6.
[3] 李阳,王明召.齐格勒-纳塔催化剂的作用机理及催化剂的一种新类型.中国石油和化工,2008(3):60-61.

(作者:黄小波)

11 汽油中烯烃含量对环境的影响

现代人们的生活中，汽车的应用越来越普及，极大地方便和改善了人们的工作和生活的同时，汽车消耗汽油产生的尾气排放也在污染大气环境，因此汽油质量与污染程度密切相关，通过提高汽油质量标准可以有效减少有害气体的排放。许多国家和地区纷纷提出使用新配方汽油和清洁燃料的要求，汽油组分中硫、氮等非烃化合物和烯烃、芳烃等烃类化合物的含量受到越来越严格的限制。

汽油作为车用燃料，在储存、输转、使用过程中难免会有挥发和泄漏，在汽车发动机内燃烧发生高温氧化反应后，尾气排入大气中。评价汽油中某一物质的危害性应包括两方面：一方面是该物质本身对环境的危害（例如对人类和动植物的危害），另一方面是该物质燃烧氧化后的产物对环境和发动机的危害。烯烃和烷烃一样，本身对人类和动植物的毒性是极低的。碳数少的烯烃在常温常压下以气体形式存在，进入大气后成为温室气体，可以促进臭氧的形成。烯烃的臭氧生成能力较烷烃更强，对大气环境质量形成污染。碳数多的烯烃常温常压下以液态存在，如果泄漏，将进入土壤。各种烃类如芳烃、烯烃、环烷烃、烷烃等在性质上存在差异。燃烧速度不同以及汽油在燃烧室内与空气混合不均等诸多因素会导致汽油燃烧不完全。不完全燃烧可致气缸内积碳、燃烧后的尾气中残留一氧化碳和烃类等有害物质，发动机气缸内局部高温还可能使空气中的氮气氧化形成有害的氮氧化物。基于烯烃不饱和、较活泼的化学特性，理论上认为，烯烃在高温燃烧过程中可能缩合积碳，对汽车气缸、进气阀产生损害；也有车用实验发现汽油中烯烃含量高低对汽车尾气排放有影响，烯烃含量高会增加尾气中的有害物排放，这就是人们在制定汽油质量标准时要求降低烯烃含量的原因。

2020年7月1日起，我国车用汽油开始执行国ⅥA标准。相对于国Ⅴ标准，烯烃体积分数由24%降至18%，芳烃体积分数由40%降至35%，苯体积分数由1%降至0.8%，控制更加严格。而从2023年7月1日起，我国所有车型将必须符合国ⅥB标准，即汽油车排放一氧化碳不允许超过500mg/km；非甲烷烷烃不允许超过35mg/km；氮氧化物不允许超过35mg/km，细颗粒物不应超过3mg/km，PN细颗粒不应超过6×10^{11} mg/km。从数据来看，国ⅥA是国Ⅴ和国ⅥB的过渡环节，国ⅥB是真正的国Ⅵ排放标准，也是世界上最严格的排放标准之一，我国将真正为保质保量地实现"双碳"目标而作出最大努力。车用汽油中的烯烃主要来自催化裂化汽油组分，所以降低车用汽油烯烃含量的关键是降低催化裂化汽油中的烯烃含量。影响催化裂化汽油中烯烃含量的主要因素有催化裂化原料的选择、催化裂化工艺的选择、催化剂及助剂的选择和催化裂化汽油的后处理等。

催化裂化原料主要由饱和烃和芳香烃组成。从原料组成分析来看，原料中的汽油前驱物主要是饱和烃和单环芳烃，饱和烃中主要以直链烷烃为主，环烷烃次之。催化裂化汽油中的烯烃主要来自直链烷烃的裂化，在催化裂化过程中，随着反应温度的升高，裂化反应加剧，直链烷烃裂化生成一个烯烃和一个碳正离子，碳正离子二次裂化又生成一个烯烃和一个碳正离子。烃类分子链长短不同，裂化反应所需的活化能也不同。烃类分子越大，裂化活化能越低，裂化反应也越容易发生；而分子越小，裂化活化能越高，裂化反应越难以发生。故原料中烷烃分子越大，裂化次数越多，生成的烯烃越多，汽油中的烯烃含量也就越高。催化原料中直链烷烃含量的多少对汽油烯烃含量至关重要。生产过程中可以通过调整几种原料的比例来调整混合原料中饱和烃的含量，在一定程度上可以控制汽油烯烃含量。

催化裂化反应是在催化剂作用下的裂化反应，不同催化剂对反应产物收率及产品组成有着至关重要的影响。催化裂化汽油辛烷值较高，主要是烯烃含量较高。为了不使辛烷值发生较大的降低，则必须使烯烃异构化或芳构化。在芳烃含量满足标准要求的条件下，增加芳烃含量是有利的，因为芳烃含量增加对于提高汽油抗爆指数是有利的。因此，开发新型降烯烃催化剂对控制汽油烯烃含量十分重要。在开发新催化剂的同时，调整优化催化裂化操作，对降低汽油烯烃含量也会有一定效果。进一步，选择合适的工艺技术、加强降烯烃催化剂和助剂的研究开发力度的同时，开发利用汽油醚化工艺，建造汽油加氢、重整、异构化和烷基化装置，生产高品质汽油，从根本上解决汽油烯烃含量高的问题。

总之，随着环保要求的不断提高，环境友好产品必将越来越为人们所需要。开发绿色环保、高效的新型催化剂，实现化工生产的绿色化、清洁化，解决当今社会严峻的环境问题，实现既满足人们的实际需求，又不破坏环境的可持续发展，仍然需要全体化学工作者的不懈努力。

参考文献

[1] 张晓国. 降低催化裂化汽油烯烃含量的措施探讨. 石油石化绿色低碳，2021，6（5）：29-33.
[2] 黄富，彭国峰. 降低催化裂化汽油烯烃含量技术进展. 精细石油化工进展，2012，13（8）：49-53.

（作者：黄小波）

12 天然橡胶

1986年1月,美国"挑战者号"航天飞机发射升空仅73秒后就发生解体爆炸,机上7名宇航员全部罹难,而事故的源头来自一个小小的橡胶密封圈——航天飞机右侧固体火箭助推器的O型橡胶密封圈低温失效造成燃料泄漏。

天然橡胶(NR)是一种以顺-1,4-聚异戊二烯为主要成分的天然高分子化合物,其成分中91%~94%是橡胶烃(顺-1,4-聚异戊二烯),其余为蛋白质、脂肪酸、灰分、糖类等非橡胶物质。橡胶与钢铁、石油、煤一起被称为世界四大工业原料,又是国防工业不可缺少的战略物资。由于橡胶具有很强的弹性、良好的绝缘性、坚韧的耐磨性、隔气和隔水的气密性以及耐曲折性,汽车、飞机、大炮、坦克、舰艇等都需要大量橡胶。

1904年,刀安仁从马来西亚引进8000株橡胶苗种植于干崖凤凰山,为我国引种橡胶树之始(因战乱及管理不善,现仅存一棵,被誉为"中国橡胶母树"),打破了《大英百科全书》"北纬21°线以北绝对栽不活橡胶"的论断,也打破了帝国主义专家学者"中国不能种橡胶"的结论。

1915年,华侨牙医陈玉波怀揣着拳拳报国之心,在广东建立中国第一家橡胶厂——兄弟橡胶厂,实现了中国橡胶工业从无到有。但不幸的是该厂后因政治动荡倒闭;1925年,爱国华侨、厦门大学校长陈嘉庚排除万难为我国打造15000英亩(1英亩=4046.86m^2)橡胶园,设立橡胶厂,但同样因为政治动荡而倒闭。

20世纪50年代,中国的天然橡胶基本依赖从国外进口。为粉碎西方帝国主义封锁禁运的阴谋,满足国家经济发展和国防建设的需要,1950年11月至1951年5月,广东省、国家林业部和中国科学院先后组织橡胶考察团、橡胶督导团和综合考察队,到海南和雷州半岛考察橡胶资源和橡胶生产情况,制订橡胶业发展计划。1951年8月31日,政务院第100次政务会议作出《关于扩大培植橡胶树的决定》,对华南地区种植橡胶作出部署。1952年1月,海南农垦创建成立。随后,上万集体转业复员官兵、大批南下干部、爱国华侨、大专院校师生、科技工作者、当地群众踊跃投身农垦建设，拉开新中国天然橡胶垦植事业的宏伟序幕。面对猛兽出没、毒蛇群集、人迹罕至、气候闷热、台风肆虐等恶劣的自然环境，顶住帝国主义"一块胶片、一截橡胶芽条都不允许带到中国"的巨大外部压力，开山、拓荒、筑路、修环形山、挖橡胶穴，共产党人硬生生在荒山野岭里一锄一锄地与恶劣的条件展开了硬对硬的抗争。

经过几代人的努力，截至 2021 年，中国天然橡胶总种植面积约 1125 千公顷（1 公顷 $= 10^4 \mathrm{m}^2$），产量约为 85 万吨，是世界天然橡胶主产国之一。

天然橡胶毕竟产量有限，随着高分子化学的发展，合成化学家利用烯烃单体制备了各种人工橡胶，如丁苯橡胶、顺丁橡胶等。橡胶作为一类交联型高分子材料，具有极为稳定的化学性质，而我国作为世界上最大的橡胶消费国和进口国，近些年废旧橡胶资源回收利用问题尤为重要。一方面高强度、耐老化的橡胶技术进步使得废旧橡胶长期不能自然降解，造成了比塑料白色污染更严重的黑色污染；另一方面目前废旧橡胶若以焚烧、掩埋的方式处理，容易造成二次污染。因此高效低污染地回收橡胶变得尤为重要。既要达到其材料的极致要求又要守住绿水青山的最终目标。另外，通过深入研究，橡胶解聚为低分子可用化学品，也是合成化学家的重要研究方向，需要更多的人努力参与。

参考文献

[1] 杨连珍.世界天然橡胶业发展现状分析.中国热带农业，2007（04）：30-32.

[2] 周钟毓.中国天然橡胶业50年.热带农业科学，2000（05）：63-85.

[3] 晨林.主动扛起绿色发展的国企担当海南橡胶：力行当下着眼未来.中华环境，2022（11）：71-74.

[4] 王昌龙.天然橡胶 海南农垦的骄子.中国农垦，2004（09）：15-16.

[5] 杨琳,莫业勇.2021年中国天然橡胶进出口情况分析.世界热带农业信息,2022(07):74-76.

[6] 严志轩.功能化低分子量聚异戊二烯的合成及应用研究.青岛:青岛科技大学,2022.

[7] 郑轲,吴文剑,李坤泉,等.高分子材料课程思政实践——以"天然橡胶"的教学设计为例.广东化工,2021,48(18):246-247.

(作者:刘妙昌)

13 被称为"黑金"和"新材料之王"的石墨烯

北京大学化学与分子工程学院教授彭海琳介绍:"石墨跟石墨烯只有一字之差,实际上,严格意义上的石墨烯就是单层石墨片。把单层石墨片垒起来,垒到足够厚就可以得到石墨。而把石墨一层一层地剥下来,剥出的单层就是石墨烯。"石墨烯是一种纯碳材料,是具有代表性的二维材料,其形状表现为碳原子构成的蜂窝状、六角形结构的二维平面。石墨烯一度被认为是一种假设性结构,无法单独稳定存在。2004年,英国曼彻斯特大学物理学家安德烈·盖姆(Andre Geim)和康斯坦丁·诺沃肖洛夫(Kostya Novoselov)用一种非常简单的实验方法突破了原有理论认知。他们从高定向热解石墨中剥离出石墨片,然后将薄片的两面粘在一种特殊胶带上,撕开胶带,就能把石墨片一分为二。不断这样操作,薄片越来越薄,最后得到了仅由一层碳原子构成的薄片,这就是石墨烯。在发现石墨烯以前,大多数物理学家认为,热力学涨落不允许任何二维晶体在有限温度下存在。虽然理论和实验界都认为完美的二维结构无法在非热力学零度稳定存在,但是单层石墨烯却在实验中被制备出来。

安德烈·盖姆

康斯坦丁·诺沃肖洛夫

石墨烯作为目前世界上发现的最薄、最坚硬、导电导热性能最强的一种新型纳

石墨烯结构

米材料,被誉为"黑金",是"新材料之王",许多科学家甚至开始预言石墨烯将"彻底改变21世纪"。它是最薄的材料,因为它的厚度仅有一个原子层;它是强度最大的材料,理论上强度比钢强韧200倍;它是导电性最好的材料,电导率是银的1.6倍;它是导热性最好的材料,热导率是铜的13倍。这个发现震撼了科学界,两位发现者因"二维石墨烯材料的开创性实验"获得了2010年诺贝尔物理学奖。

石墨烯具有优异的光学、电学、力学特性,在材料学、微纳加工、能源、生物医学和药物传递等方面具有重要的应用前景,被认为是一种未来革命性的材料。中国科学院刘忠范院士曾给石墨烯材料勾画了三种前途。第一种前途类似于碳纤维材料,在某些领域找到不可或缺的用途,成为"撒手锏"级的应用。第二种前途类似于塑料,一百年前人们发明塑料,极大便利了人类生活,塑料已经渗透在日常生活的方方面面,石墨烯材料也有这种潜质,在未来也可能像塑料一样进入我们的日常生活。第三种前途类似于硅材料。没有硅材料,就没有集成电路,自然也就无法进入信息化时代。甚至可以讲,我们现在生活在"硅时代"。完美的石墨烯材料拥有远优于硅材料的光学和电学等特性,可用来制造未来的信息器件。石墨烯极有可能替代硅基材料,制造"碳基电子器件及集成电路",从而把人类带入"碳时代"。

新材料的创制需要科研工作者具备强烈的好奇心、另辟蹊径的勇气、迎难而上的决心以及百折不挠的坚韧,其优异的成果一方面有利于科学的进步,另一方面也有利于推进社会的发展和提高人们的生活质量。

参考文献

[1] 来常伟,孙莹,杨洪,等.通过"点击化学"对石墨烯和氧化石墨烯进行功能化改性.化学学报,2013,71(9):1201-1224.

[2] 刘欣,张雅欣,陈滢,等.石墨烯和氧化石墨烯制备技术与应用研究进展.陶瓷学报,2023,44(2):

217-235.

[3] K S Novoselov, A K Geim, S V Morozov, et al. Electric field effect in atomically thin carbon films. Science, 2004, 306 (5696): 666-669.

[4] K S Novoselov, A K Geim, S V Morozov, et al. Two-dimensional gas of massless dirac fermions in graphene. Nature, 2005, 438: 197-200.

（作者：黄小波）

14 人造羊毛丙烯腈、"的确良"与新中国纺织工业发展

炔烃的化学反应中，有一类特殊的亲核加成反应，乙炔与 HCN 加成得到丙烯腈，这是一种聚合物单体。聚丙烯腈在我国的商品名为腈纶，俗称人造羊毛。自二十世纪八十年代以来，我国积极引入国外先进的生产技术，使得我国腈纶工业得到了快速的发展，到目前已经形成了较为完整的工业生产体系，并成为世界上最大的腈纶工业生产中心之一。2020 年我国腈纶产量为 55.03 万吨。

合成纤维主要有涤纶（聚对苯二甲酸乙二酯）、锦纶（聚酰胺）、腈纶（聚丙烯腈）、氯纶（聚氯乙烯）、维纶（聚乙烯醇缩甲醛）、氨纶（聚氨酯弹性纤维）、聚烯烃弹力丝等，以涤纶、锦纶、腈纶三大品种为主。数据显示，2021 年全国合成纤维产量为 6152.4 万吨，同比增长 9.1％。涤纶是合成纤维中的主要品种，也是产量最大的合成纤维品种，约占合成纤维产量的 90％。2020 年我国涤纶产量为 4922.75 万吨，同比增长 3.62％。2021 年我国涤纶产量为 5363 万吨，同比增长 8.94％。

人造羊毛纱线

腈纶面料大衣

涤纶面料运动裤

二十世纪七八十年代，我国大量进口化纤设备，引发了国人的"穿衣革命"。其中，有一种涤纶的纺织品，在广州被称为"的确靓"，由于南北方口音的差异，北方人并不理解"靓"的意思，所以叫它"的确良"。"的确良"有耐穿、耐磨、不易变形、容易清洗并且干得快等优点。"的确良"刚刚问世的时候，它的面料要比

普通棉布的价格贵很多。普通人家接触"的确良"做的衣服的机会少之又少,若是能有件"的确良"做的衣服,会是一件很有面子的事情。有人甚至将"的确良"做的衣服当作结婚彩礼的一部分。

纺织工业作为关系国计民生的重要支柱产业,是我国工业化进程的"母亲行业"、对外开放的排头兵、经济体制改革的先行者。中国纺织工业,从服装家纺到国防军工,从交通运输到医疗卫生,从环境保护到新能源开发,已渗透到了各个领域。如今,中国已经是全球最大的纺织品服装生产国、消费国和出口国。2020年的数据显示,中国纺织业规模占比超全球50%,化纤产量占世界70%,贸易占全球三分之一,2020年全国纺织服装类零售总额超12365亿元。我国纺织业拥有最完整的产业链,工艺制造和装备水平大都已处在国际先进水平。

20世纪20年代,上海近80万工人中有20多万是纺织工人,这些纺织工人从五四运动之后,一直在民主革命斗争的第一线。1949年11月1日,中国纺织工业部正式挂牌成立,是新中国成立以后中央人民政府首批设置的工业部门之一。然而,此时棉纺织生产规模仅有500万锭左右。1953年,纺织工业开始第一个五年计划的大规模建设,新建棉纺织厂68个,总规模240万锭,初步建成了北京、石家庄、邯郸、郑州和西安五大棉纺织工业新基地。

1957年,新中国化纤工业从零起步,逐步恢复了安东化纤厂和安乐人造丝厂。保定化纤厂成套引进了粘胶长丝技术,北京合成纤维实验厂引进了尼龙长丝技术,拉开了新中国化纤工业发展的序幕。20世纪70年代起,以石油、天然气为原料,引进世界先进技术装备,先后建成了上海金山、辽阳、天津、四川川维4个大型石油化工化纤联合企业。至此,我国化纤工业初具规模,逐步扭转了因纺织品短缺而一直限量供应的局面。1983年12月,国务院决定取消布票,纺织品实行敞开供应,不仅终结了整整三十年的凭票买棉布、棉絮的供应制度,也成为改革开放新时期结束"短缺经济"、人民群众过上温饱生活最有力的佐证。

国务院提出把亏损严重的纺织行业作为国有企业改革和脱困的突破口,确定了"以纺织行业为突破口,推进国有企业改革"的方针。三年压缩淘汰1000万落后棉纺锭,分流120万职工,实现全行业扭亏为盈。2001年国家纺织工业局更名为中国纺织工业协会。至此,我国行业性政府职能管理部门完成了历史使命。2009年国务院公布了《纺织工业调整和振兴规划》,提出了要按照保增长、扩内需、调结构的总体要求,稳定纺织工业国际市场份额,扩大国内市场消费需求,推动纺织工业结构调整和产业升级,推进我国纺织工业实现由大到强的转变。

党的十九大以来,在习近平新时代中国特色社会主义思想的指引下,行业深入贯彻新发展理念、落实供给侧结构性改革,以"科技、时尚、绿色"为发展方向,推动行业高质量发展,有近20家纺织企业获批工信部智能制造试点示范企业。新冠疫情期间,中国纺织工业表现出强劲的发展韧性,为抗疫情、稳就业、保民生、促发展作出了突出贡献,纺织企业积极响应中央号召,主动作为,迅速改造,增设生产线,转产防护用品。以化学化工为基础的纺织行业工作者深植家国情怀,通过不懈努力,增强了我们的民族自信心。

参考文献

[1] 方晓霞.向高质量发展迈进的纺织工业:新中国成立70年来的发展成就与挑战.发展研究,2019(08):40-48.

[2] 张一峰,王志强.从生产第一块"的确良"到加工第一滴"俄油"辽阳石化:砥砺奋楫五十年.中国石油和化工,2022(07):70-71.

(作者:张兴国)

15 苯环结构的探究历程

六元芳香环骨架在生物学中普遍存在，它是 DNA、蛋白质、木材和石油的重要组成部分。苯作为最简单的六元芳香化合物，与乙烯一样，也是石油化工的基本原料，其产量和生产技术是一个国家石油化工发展水平的标志之一。由于其结构的特殊性和重要性，有关苯环结构的研究在有机化学中占有突出的研究地位。

1825 年，英国科学家法拉第（Michael Faraday）在生产煤气的原料中成功分离出了苯，并将这种液体称为"氢的重碳化合物"。1834 年，德国科学家米希尔里希（Ernst Eilhard Mitscherlich）通过蒸馏苯甲酸和石灰的混合物，获得了与法拉第所制液体相同的一种物质，并命名为苯。自此以后，人们对苯的结构做了大量的研究并进行了长期的争论和探讨。在有机化学家们成功建立正确的分子概念和原子价概念之后，法国化学家日拉尔（Charles Frederic Gerhardt）等人确定了苯的分子量为 78，分子式为 C_6H_6，这一研究结论表明苯分子中的碳氢比值非常大，碳含量非常高，苯应是高度不饱和的化合物。但在有关苯化合物化学性质的探究中，化学家们发现苯不具有典型的不饱和烃类化合物易发生亲电加成反应的性质，这两个矛盾的结论使得有关苯环结构的探讨一直停滞不前。直至德国科学家凯库勒（Friedrich August Kekulé von Stradonitz）针对苯环结构进行研究，使得这一难题被解开，并在较大的范围内获得认可。据凯库勒回忆，他曾在睡梦中梦到许多碳原子排成蛇形，原子"蛇"的头咬住了自己的尾巴，形成一个环状。根据梦中启示，凯库勒迅速画出苯的封闭式结构。经若干次修正后，决定用六角环状结构描述苯的分子结构，并于 1866 年发表了"关于芳香族化合物的研究"的论文，他在论文中提出两个假说：①苯的 6 个碳原子形成环状闭链；②各碳原子之间存在单双键交替排列，称为凯库勒结构。虽然凯库勒提出的假说可以成功解释许多实验事实，但不能解释苯环的特殊稳定性。因为按照凯库勒的说法，苯分子中三个双键是始终存在的；它无法解释在一般情况下苯不能发生加成反应以及苯的邻位二元取代物只有一种异构体的实验事实。在此基础上，英国科学家罗宾逊（Sir R. Robinson）提出了苯的另一种画法，即苯的结构应为内部带有圆圈的正六边形的芳香六隅体结构，这一结构可以有效解释为什么苯的邻位二取代化合物只有一种产物。此外，在有关苯环的研究过程中，化学家们还提出了克劳斯结构式（Ⅰ）、克劳斯结构式（Ⅱ）、拉登堡结构式（Ⅰ）、拉登堡结构式（Ⅱ）以及阿姆斯特朗结构式等。

凯库勒式　　鲍林式　　克劳斯结构式(Ⅰ)　克劳斯结构式(Ⅱ)　拉登堡结构式(Ⅰ)　拉登堡结构式(Ⅱ)　阿姆斯特朗结构式

但在后期的研究中，美国南伊利诺伊大学化学教授约翰.沃提兹（John H. Wotiz）质疑凯库勒可能不是苯环结构的真正提出者，而奥地利化学家洛希米特（Johann Jasef Loschmidt）才是。因为凯库勒曾在给学生的信中提到他曾看过洛希米特在《化学研究》一书中画出的121个苯及其它芳香化合物的环状化学结构的描述。

随着有机化学的不断发展，化学家们又相继发展了价键理论和分子轨道理论，从而对苯环的真实结构有了更为全面的认识和理解。这些理论均认为苯环中碳原子均为sp^2杂化，形成6个σ键；未杂化的6个p轨道形成大π键，所有的碳原子和氢原子在同一平面上，大π键使电子云平均化，电子发生了"离域"，像两个救生圈分布在苯分子平面的上下两侧，在结构中并无单双键之分，是一个闭合的共轭体系，并使体系能量降低（主要为共轭能），变得稳定（不易发生加成反应）。

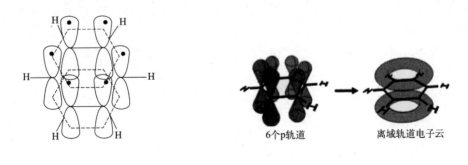

价键理论　　　　　　　　　　　6个p轨道　　离域轨道电子云

　　　　　　　　　　　　　　　　　　　分子轨道理论

通过对苯环结构的大揭秘，我们可以看到任一理论的提出都不是一蹴而就的，而是螺旋式上升的过程，需要通过科学家们反反复复地推敲才能得出符合现阶段最为科学的一种理论。但是随着科技的不断进步和人类知识边界的拓展，该理论又会得到进一步的修正与改进。此外，正如凯库勒在睡梦中梦到苯环结构一样，科学的发现往往来自一些奇思妙想与顿时迸发的灵感，在科学的研究中大家要打开自己的想象空间，拓宽思维方式，积极寻求正确的科研理论。

参考文献

[1] 李小瑞, 姚团利, 赵艳娜, 等. 有机化学. 2版. 北京: 化学工业出版社, 2018: 148-149.

[2] 高占先. 有机化学. 3版. 北京: 高等教育出版社, 2018: 191-192.

[3] 颜朝国. 有机化学. 北京: 化学工业出版社, 2009: 109-112.

[4] 于世均. 有机化学. 北京: 化学工业出版社, 2014: 113-115.

[5] 邢其毅, 裴伟伟, 徐瑞秋, 等. 基础有机化学. 4版. 北京: 北京大学出版社, 2017: 707-712.

（作者：吕宁宁）

16 现代炸药苦味酸以及 TNT 的合成

2,4,6-三硝基苯酚，室温下是一种黄色晶体，味苦，可溶于水，是苯酚的三硝基取代物，受硝基吸电子效应的影响而有很强的酸性。因其具有强烈的苦味而又被称为苦味酸。早在1771年，三硝基苯酚就可经由苯酚的硝化反应而制得。从1849年起，苦味酸被用作染丝的黄色染料，是第一种被使用的黄色人造染料，它在染坊里被平安使用了数十年。但在1871年的一天，法国一家染料作坊里有位新工人，由于打不开苦味酸桶，于是用榔头狠狠地砸，结果意外地发生了爆炸，许多人当场就被炸死。毫无疑问，这是一场巨大的悲剧，但作坊主受这一悲剧的启发，设想是否能将苦味酸这一染料用于制造炸药。

早期使用的黄色炸药——2,4,6-三硝基苯酚的制备
苯酚的硝化反应

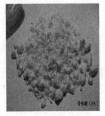

作为早期的一种黄色炸药，经过反复试验，苦味酸开始被大量应用于军事上。炸药（explosive material）作为一种常规武器，即在一定的外界能量的作用下，能在极短时间内剧烈燃烧（即爆炸）的物质。炸药在国防建设和军事战争中占据着非常重要的地位。

在一战的欧洲战场上，很多大炮在开炮的时候直接炸膛，其原因就是弹头受潮了，由于苦味酸具有酸性，它与铁、铜、铅、铝、锡等金属在潮湿的环境下接触就可以产生苦味酸盐，在开炮的震动中，炮弹弹头直接爆炸。因此苦味酸所制成的炸药在使用中存在一定的安全隐患。1863年，威尔伯兰德在一次失败的实验中，发

明了另一种更为安全的炸药——三硝基甲苯，又名 TNT。三硝基甲苯可由甲苯经硝化反应制备，纯品为无色针状晶体，工业品呈黄色粉末或鱼鳞片状，是一种威力很强而又相当安全的炸药。它在 20 世纪初开始广泛应用于装填各种弹药和进行爆炸，逐渐取代了苦味酸。精炼的 TNT 十分稳定，它对摩擦、震动都不敏感，即使是受到枪击，也不容易爆炸，它不会与金属发生化学反应或吸收水分。在第二次世界大战结束前，TNT 一直是综合性能最好的炸药，被称为炸药之王。由于诺贝尔（Alfred Bernhard Nobel）将 TNT 这一炸药的生产实现工业化，在此后的很多年里 TNT 一直被认为是由诺贝尔发明的，造成了很大的误解。而由于利用科学研究成果创业，诺贝尔成为赫赫有名的大富豪，诺贝尔临终用巨资设立了诺贝尔奖。

TNT 炸药——2,4,6-三硝基甲苯的制备
甲苯的硝化反应

一次偶然敲击引发的爆炸事件，通过究其本质，成功利用苦味酸制备出了军事炸药，并针对苦味酸在使用中存在的一些缺点，经由化学学科的发展而改良制备出了更加安全稳定的 TNT 炸药。因此，在面对科学危机的时候，需要具备"打破砂锅问到底"的精神，阐明危机发生的原因，揭示危机中蕴藏着的转机。此外，化学是一把双刃剑，我们要正确对待化学，利用化学合成手段可实现一些常规武器炸药的研制，为我国的国防建设筑起厚实的城墙。炸药在国防军事方面具有重要的研究地位，但是不正确的运用会带来战争和灾难。化学的本质是为了让人类的生活变得更加幸福美好，我们要时刻铭记这一初衷，更好地利用化学！

参考文献

[1] 唐玉海，张雯. 化学与人类文明. 北京：化学工业出版社，2020.
[2] 杨利，张同来，冯长根，等. 苦味酸晶体及分子结构的研究. 含能材料，2001，9（1）：37-39.

（作者：吕宁宁）

17　唐本忠与 AIE

传统的有机发光染料在稀溶液中的发光强度随着溶液浓度的增大而增强；但当浓度增大到某个临界值时，溶液的发光强度却随着浓度继续增大而减弱。即有机发光分子在浓溶液或者固态时荧光被猝灭，也就是通常所说的聚集猝灭效应（aggregation caused quenching，ACQ）。2001 年唐本忠院士在全球首次发现一个在稀溶液不发光而在固态下发光的物质六苯基硅噻咯（HPS），并把这种现象命名为聚集诱导发光（aggregation induced emission，AIE）现象。值得一提的是合成出具有如此反常现象的化合物的学生第一反应是很沮丧，认为这和自己预想的不符。而唐本忠院士敏锐地捕捉到这一现象，并进行了细致而深入的研究。

芘和 HPS 在含水率不同的 THF/水混合物中的溶液或
悬浮液中的荧光照片，芘和 HPS 分别显示出典型的 ACQ 和 AIE 效应

在第一阶段（2001—2003），AIE 化合物逐渐被设计开发且 AIE 这一概念也逐渐引起了科研界的注意。在该阶段唐本忠院士提出了分子内旋转受限这一机理，并被大家广为接受。在第二阶段（2003—2010），AIE 物质的体系得到了极大的丰富，并开发了几乎可以被随意修饰的明星分子四苯基乙烯（TPE），TPE 的发现极大地促进了 AIE 领域的发展。借助于 TPE 优异的 AIE 性能和简单的合成步骤，人们通过在传统 ACQ 分子中引入 TPE 分子可以将其转化为 AIE 生色团，这也极大改善了传统材

料的应用困境。

TPE 结构

随着研究的逐渐深入，有众多的 AIE 衍生现象也如雨后春笋般涌现出来，如结晶诱导发光、室温磷光、力致发光和机械变色等。同时，AIE 材料逐渐被应用到生物成像和光电领域并表现出极大的优势。在 AIE 发展的第二个十年中（2010—2020），AIE 的发展日臻成熟并逐步进入国际研究舞台，2020 年 10 月 7 日，国际纯粹与应用化学联合会（IUPAC）公布 2020 年度化学领域十大新兴技术评选结果。这项评选旨在全世界范围内遴选出具有巨大潜力的创新技术，以此来改变当前的全球化学与工业界格局，推动实现联合国可持续发展目标（SDG）。而唐本忠院士等人提出的聚集诱导发光便在这十大新兴技术之列。

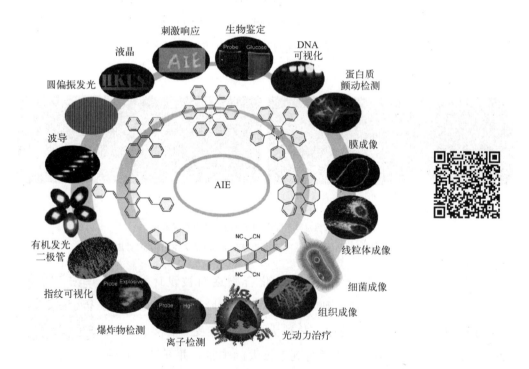

AIE 结构基序的典型例子及其技术应用

唐本忠院士说道："原创的科研就像刨一口井，越往下发现的泉眼越多，如果只是跟踪而无超越，思路早晚会枯竭。"在决定研究质量的诸多因素中，概念创新占据决定性地位。历史证明，新的概念可以引领新的发展潮流，开辟新的研究领域。革命性的观念可以改变我们的思维模式，甚至改变我们的生活方式。而 AIE 概念也是中国人首次在国际学术中提出的原创概念，这极大地提升了中国人的自信心。

参考文献

[1] J Luo, Z Xie, J W Y Lam, et al. Aggregation-induced emission of 1-methyl-1, 2, 3, 4, 5-pentaphenyl-silole Chem Commun，2001: 1740-1741.

[2] Y Hong, J W Y Lam, B Z Tang. Aggregation-induced emission. Chem. Soc. Rev.，2011, 40: 5361-5388.

[3] J Mei, N L C Leung, R T K Kwok, et al. Aggregation-induced emission: together we shine, united we soar!Chem Rev, 2015, 115: 11718-11940.

（作者：雷云祥）

18 卤代烃：含卤农药分子

过去 35 年中，在农业化学领域，含卤活性成分在现代创新农药的开发中占有重要地位。卤原子和/或含卤取代基的重要性可归因于众所周知的位阻效应（例如碳-卤键长）、电子效应（例如卤原子和卤代基团的电负性）、碳-卤键的极性（例如偶极矩，活性成分-受体间的相互作用）和 pK_a 影响（例如氢键，和靶标的相互作用）。此外，卤原子能改进化合物的代谢、氧化和热稳定性（碳-卤键能量，因吸电子而代谢稳定，卤代基团），影响其理化性质，如分子的亲脂性增加（例如吸收和运输的主要参数发生变化）。再者，已有文献介绍了卤原子对生物学特性的影响，例如，在有生物活性的农药化合物分子中引入稳定的卤原子后，其生物活性发生了改变。

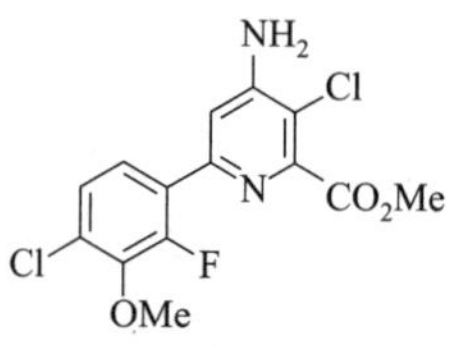

氟氯吡啶酯(除草剂)

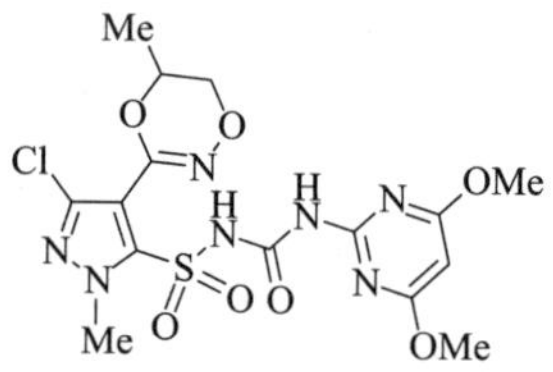

嗪吡嘧磺隆(除草剂)

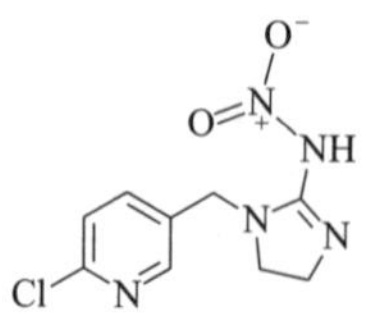

吡虫啉(杀虫剂)

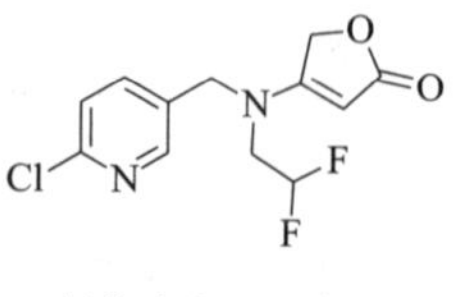

氟吡呋喃酮(杀虫剂)

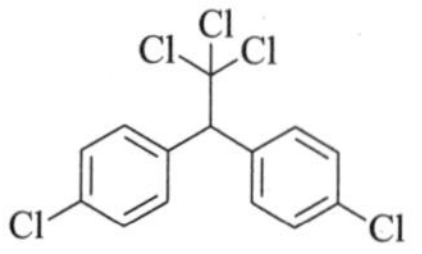

双对氯苯基三氯乙烷(DDT)

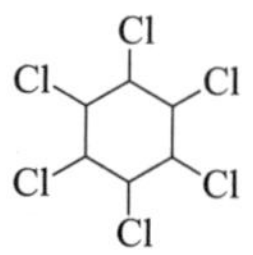

六氯环己烷(六六六)

尽管含卤农药在农药化学领域占据重要的地位,但是有机卤化物的毒性普遍较大,因此含卤农药须在充分的科学研究以及实践调研下谨慎使用。最典型的例子就是含氯的DDT农药。DDT是二十世纪广泛使用的著名合成农药和杀虫剂,DDT的使用令蚊虫、苍蝇和虱子得到有效控制,并使疟疾、伤寒和霍乱等疾病的发病率急剧下降,它的出现拯救了约2500万人的生命。于是人们开始疯狂依赖DDT,甚至采用飞机大范围喷洒。DDT强大的控制疾病的能力使其成为战斗英雄。然而,由于DDT不易降解,容易累积在动物体内,造成长期的健康风险,从20世纪80年代开始,DDT就陆续在全世界大部分地区被禁用,世界卫生组织也将其界定为二级致癌物。

后来已经几乎再也看不到DDT的影子了,但是最近几年,科学家们却在南加州附近的海底发现了大量的DDT化学桶,这是曾经大规模生产DDT的废弃加工厂遗留的。据统计,这些桶里至少还有350吨DDT。人们不禁感到恐慌,一旦这批DDT泄漏,那么海洋生态必将受到严重破坏,最终受到伤害的还是我们自己。

另外一个典型的例子就是农药六六六。尽管六六六用途广泛、制造容易、价格便宜,20世纪50~60年代在全世界被广泛生产和使用,也曾经是我国产量和用量最大的农药,但是由于其残留污染严重,现也已禁止使用。

科学的发展具有双面性,DDT盛极而衰的发展过程就是最形象的例子。我们不能否认DDT在早期人类认识不足的情况下所作出的贡献,我们更需要反思和警醒的是不能让下一个"DDT事件"出现。遵循客观规律,使用新品种的化学品前,做好充分全面的研究才是当务之急,让更好、更完美的化学品为人类服务。

参考文献

[1] 叶萱.最近含卤农药的开发.世界农药,2017,39(4):1-10.
[2] 孙秀荣.为什么禁止使用DDT农药.生物学通报,1989(5):34.

(作者:周云兵)

19 Science 观点：重新看待 S_N2 反应

S_N2 反应是有机合成化学中的经典反应。通常我们了解的 S_N2 反应机理是简单的亲核分子或者原子从背后进攻反应物，使原本的基团离去，从而发生构型翻转（下图所示）。但实际上 S_N2 反应要比我们现在所了解的更加复杂。最近的一些研究发现了 S_N2 反应更多的细节。

$$X\overset{R^1}{\underset{H}{\overset{|}{-}}}\overset{}{R^2}\quad \overset{\ominus}{\text{Nu}} \longrightarrow \left[X\cdots\overset{R^1}{\underset{H\;R^2}{\overset{|}{-}}}\cdots\text{Nu}\right]^{\ddagger} \overset{-X^{\ominus}}{\longrightarrow} \overset{R^1}{\underset{R^2}{\overset{|}{-}}}\text{Nu}$$

通过分析气相中的反应速率，研究人员提出了一种机理，即中间过渡态作为一个桥梁连接两个能量阱和电势面。电子结构计算结果证实了 S_N2 反应遵循这一机理，但实际反应动力学可能比这一机理复杂得多。

最近的研究工作证明了双阱机制的存在。目前存在已知的两种机制：一种是直接机制如直接断裂，第二种是间接机制如迂回进攻。具体的 S_N2 反应和发生分子碰撞的能量决定了间接或直接机制。对于双阱间接机制，迂回进攻时穿越中心能垒也很重要，虽然这违反了目前我们公认的过渡态理论的基本假设。例如 OH^- + CH_3I 的反应，均会发生 S_N2 反应和质子转移，由于这两个反应的原子机制会发生互相偶合，因此从动力学的角度可更好地解释 S_N2 反应机理。

化学家们为了更多地了解化学反应从气相到液相的转变，大多会在反应物阴离子上逐步添加溶剂分子，使其从背后发生进攻。Otto 等为了探究 S_N2 反应中溶剂化的作用，在一定的能量碰撞条件下利用交叉分子束实验技术研究了微溶剂化的 CH_3I 的反应。结果表明，溶剂化的反应动力学与未溶剂化的 OH^- 阴离子有很大的区别。对于非溶剂反应，间接进攻机制不是主要的。在 $OH^-(H_2O)$ 的反应中，间接机制在低能量条件下是主要的，但是反弹机制在碰撞能量高于 1eV 后将占主导地位。对于 $OH^-(H_2O)_2$ + CH_3I 的反应，在 OH^- 上添加第二个水分子后会导致出现各向同性，但是无法证明该反应是一个直接的 S_N2 反应机制。溶剂化和非溶剂化的 OH^- 不同动力学可能与反应物开始相互作用时的性质有关。非溶剂化反应是由一个配合物开始进行反应的，而 $OH^-(H_2O)$ 反应前的配合物类似于传统的离子-偶极子结构，OH^- 几乎与 C-I 轴共线。这种几何形状有利于直接的背后进攻并促进反弹机制。

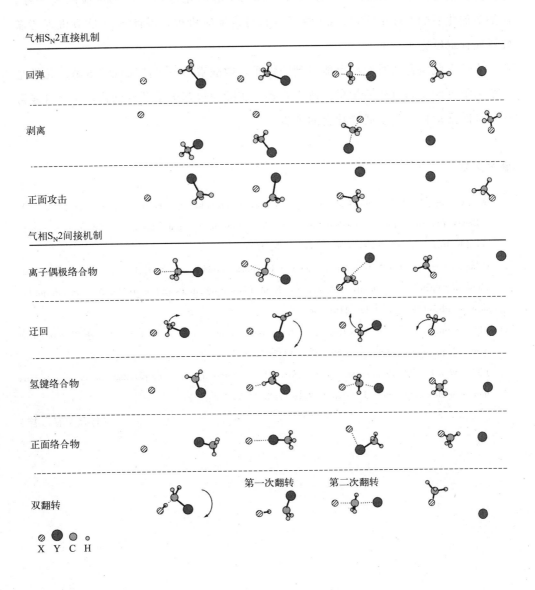

最近的两项研究提供了更多关于 S_N2 反应动力学的阐述。研究者认为只有正面进攻机制发生时，S_N2 反应中原本的构型才不发生变化。但是 Szabó 和 Czakó 在实验过程中发现了双翻转机制。虽然双翻转机制在 S_N2 反应过程中仅仅贡献了

1%～2%,但是这条途径的发现具有重要的意义。他们认为双翻转机制导致了质子转移的偶合以及 S_N2 反应的途径,然而双翻转机制和过渡态之间的关系还不明确。

这些研究充分说明了 S_N2 反应过程的复杂性。传统的机制在低碰撞能量时确实起到一定的作用,但其它的反应机理如迂回进攻、直接反弹和直接断裂往往更重要。CH_3Cl 和 CH_3I 反应的动力学差异表明,分子反应物的偶极矩和势能阱的深度等细微特征可能对 S_N2 反应具有显著的影响。溶剂化进一步增加反应的复杂性,例如溶剂化后的 CH_3I 反应有28种不同的间接反应机理,因此 S_N2 反应机理还需要研究者继续完善。

化学家就是合成看似不可能得到的物质,挑战看似不可能实现的事情。化学是一个把不可能变为可能的学科,研究者要以实际为根基勇于开拓创新,才会打破常规,进而推动科技的发展和社会的进步。

参考文献

[1] W A Cowdrey, E D Hughes, C K Ingold, et al. 257. Reaction kinetics and the Walden inversion. Part Ⅵ. Relation of steric orientation to mechanism in substitutions involving halogen atoms and simple or substituted hydroxyl groups. J Chem Soc, 1937: 1252-1271.

[2] P Manikandan, J Zhang, W L Hase. Chemical dynamics simulations of $X^- + CH_3Y \rightarrow XCH_3 + Y^-$ gas-phase S_N2 nucleophilic substitution reactions. Nonstatistical dynamics and nontraditional reaction mechanisms. J Phys Chem A, 2012, 116: 3061-3080.

[3] M L Chabinyc, S L Craig, C K Regan, et al. Gas-phase ionic reactions: dynamic and mechanism of nucleophilic displacements. Science, 1998, 279: 1882-1886.

[4] J Xie, W L Hase. Rethinking the S_N2 reaction. The gas-phase dynamic of a paradigm organic reaction are more complex than expected. Science, 2016, 352: 32-33.

(作者:雷云祥)

20 "反应停"药物，是怎么从魔鬼变成天使的？

1953年，瑞士的一家制药公司合成了一种化合物沙利度胺，但是发现没有抗菌活性而放弃研究。但德国一家制药公司发现它对中枢神经系统有抑制作用，可以用来作为镇静药以减轻妊娠初期妇女的恶心、呕吐、失眠、食欲减退等反应，并以商品名"反应停"作为非处方药销售，不久便被推广到欧美、非洲、澳大利亚和日本，且用量极大。1961年10月，在德国柏林举办的妇产学科国际会议上，3位德国医师在报告中谈及发生的一些海豹肢畸形胎儿病例，引起了大家的高度重视，之后其他地区陆续也有报道。正常情况下，手脚的长度以及5个手指等都应当按照基因指令有规律地形成。可是反应停药物能使这种指令在某一部位受到阻碍，其结果就是产生畸形儿。通过长时间的流行病学调查，证明这种畸形与妊娠妇女在妊娠期间服用"反应停"密切相关，其危害震惊全球，史称"反应停"事件，是人类药物史上最大不良事件之一。

1965年3月，以色列一名医生发现沙利度胺对治疗麻风结节性红斑疗效显著，使沙利度胺再次受到全球关注。1979年5月，沙利度胺被发现是一种强大的抗新生血管生成药，能抑制肿瘤组织中血管的生长。随后又有32项研究一致报告使用沙利度胺成功治疗中、重度麻风结节性红斑。

直到1998年，美国食品药品管理局终于批准沙利度胺进入市场。目前沙利度胺已用于治疗结节性红斑、麻风病、黏膜溃疡、多发性骨髓瘤、肾细胞癌、前列腺癌、卡波西肉瘤等多种疾病，但妊娠期、备孕期妇女是绝对不能服用的！

伴随科学和认知的进展，才逐渐明晰沙利度胺的手性，抛弃了左旋体，右旋体又被重新用于治疗麻风病、多发性骨髓瘤、类风湿性关节炎，完成从"魔鬼药"到"天使药"的蜕变。

人类发明的化学药物既给人类带来了极大的益处，但也可能造成意想不到的伤害。对化学药物的盲目依赖和滥用已造成了许多不应有的悲剧。只有大量的、充分的、完善的科学实验才是药品与治疗方法审批的通行证，做任何工作都要守住科学与良心的底线。

参考文献

[1] 德劳因伯奇.药物简史.中信出版集团,2022.

[2] 谢婷,孙华君,李志玲,等.沙利度胺在儿童风湿性疾病应用的安全性.儿科药学杂志,2023,29(5):6-10.

[3] 江丽萍,江晓燕,王洪燕,等.沙利度胺治疗改善胆汁性肝硬化大鼠肝肺综合征.肝脏,2023,28(2):175-180.

(作者:邵银林)

21 史氏不对称环氧化

1984 年，意大利巴里大学（University of Bari）的 Ruggero Curci 教授课题组首次报道了手性酮催化烯烃的不对称环氧化反应。其中手性的异松蒎酮或 3-苯基-2-丁酮作为催化剂，在过氧单磺酸钾（$KHSO_5$，Oxone）的氧化下可以形成相应的二氧杂环丙烷，该物种能进一步氧化烯烃得到环氧化物，与此同时重新生成酮。

不过，彼时得到的产物对映选择性并不理想。随后的十几年中，人们考察了一系列的手性酮催化剂并对其结构进行调整。1996 年，美国科罗拉多州立大学（Colorado State University）的史一安教授研究团队以廉价易得的果糖作为催化剂前体，设计了一种新型的手性酮催化剂，能以良好的产率及优异的对映选择性实现多种不同单取代、二取代及三取代结构烯烃的不对称环氧化。该反应由此命名为史氏不对称环氧化（Shi asymmetric epoxidation），又称史一安不对称环氧化：

$$\text{史氏催化剂} \xrightarrow[\text{H}_2\text{O/CH}_3\text{CN;pH7～10}]{\text{KHSO}_5\text{或30\% H}_2\text{O}_2(3.0\text{eq.})} \text{手性纯环氧化物 或 手性纯环氧化物}$$
50%～90%,>90%ee

史氏催化剂：

手性酮催化剂的制备过程也十分简单，一分子果糖在酸性条件下与两分子丙酮缩合，对其中四个羟基进行异丙叉基保护，随后加入 PCC 作为氧化剂将游离的羟基氧化为酮羰基即可。反应可根据不同需要分别以 D 型或 L 型果糖为原料设计不同的手性酮催化剂，进而得到不同立体构型的环氧化产物。

史氏不对称环氧化的反应过程如下：以天然果糖（D 构型）作为催化剂前体为例，果糖衍生的手性酮在 $KHSO_5$ 的氧化作用下得到相应的二氧杂环丙烷，二氧杂环丙烷与烯烃底物作用可能形成两种构型的反应过渡态：一种为螺旋状过渡态，二氧杂环丙烷结构所在的平面与烯烃 C═C 双键所在的平面垂直；另一种则为平面状过渡态，两者相互平行。研究发现，大部分反式二取代及三取代的烯烃以螺旋状过渡态与手性酮催化剂作用。

该反应对体系的酸碱度具有严格的要求，碱性过强会导致 $KHSO_5$ 迅速分解，酸性过强则会使手性酮催化剂发生 Baeyer-Villiger 氧化，相应的环氧化产物在不同 pH 值环境下稳定性也存在一定的差异。

史一安是常州武进人，1979 年从礼嘉高中毕业后，考入南京大学化学系。本科毕业后,他又踏上了异国求学路。从加拿大多伦多大学、美国斯坦福大学、美国哈佛大学医学院,直到在美国科罗拉多州立大学任教。从 1995 年起,他就一直致力于不对称有机催化领域的研究,在烯烃环氧化方面取得了重要突破,史氏不对称环氧化反应是国际公认的重要人名反应。

出于朴实的思乡之情,2017 年,他回到故乡常州,入职常州大学,专心科研。在做学问上,史一安教授大胆探索,勇于创新,同时也重视实验细节的设计,找到可行的切入点,并善于通过实验现象的细微之处来揭示科学的本质问题。"科研要有宏观大局,也要注重细节。"

30 年甘坐冷板凳,认认真真做学问,他静得下心,耐得住寂寞,始终执着于自己的好奇心、事业心,专注前瞻性的基础研究,为科技强国贡献着自己的力量。

参考文献

Z X Wang, Y Tu, M Frohn, et al. An efficient catalytic asymmetric epoxidation method. J Am Chem Soc, 1997, 119: 11224-11235.

(作者:邵银林)

22 我国的酿酒历史

从《史记·殷本纪》中"以酒为池、悬肉为林"到《诗经》中的"十月获稻,为此春酒,以介眉寿",再到唐诗宋词的"葡萄美酒夜光杯""人生得意须尽欢,莫使金樽空对月",以及"举杯消愁愁更愁"等佳作,"酒"是古往今来文人墨客抒发意兴的重要媒介。考古发现中国历朝历代关于酒的酿造技术以及盛酒的器皿都有各自时代的特点。酒是我国的传统产品,酒文化与中国上下五千年的历史紧密糅合在一起,是中国文化的重要组成部分。据记载,我国酿酒的历史要早于西方国家三千多年。那么在中国,是从何时通过何种方式酿造出"酒香不怕巷子深"的美酒呢?

通过对我国原始文化遗址的挖掘,不管是在早期的仰韶文化,还是随后的龙山文化和良渚文化时期均出土了盛酒用的陶器和酿酒用的酒缸,有的还十分精致,这说明在原始社会,我国的酿酒已很盛行。研究发现远古时期的酒是未经过滤的酒醪,呈糊状和半流质。对于这种酒,不适于饮用,而是食用,故食用的酒具一般是食具,如碗、钵等大口器皿。从原始社会到农业社会,谷物逐渐成为了主要的粮食,我国的酿酒技术也迈上了一个新的台阶。其中,有两个人不得不提:称为"酒圣"的杜康以及被称为"酒神"的仪狄。相传杜康是夏朝的一位君主,他发明了酿酒技术,因而被称为酿酒的始祖,开启了酒文化的新纪元。杜康酿造的酒主要是高粱酒。仪狄是舜的后人,与杜康不同的是,他酿造的酒主要是黄酒。但是不管是黄酒还是高粱酒,其主要成分均是乙醇,那么酒(乙醇)是如何从粮食中来的呢?

从化学合成的角度分析酿酒历程,我们可以发现酿酒涉及的化学转化主要分为两步。高粱、玉米、大麦、小麦、大米、豌豆等粮食的主要成分为淀粉,首先淀粉经水解可以转化成相应的葡萄糖;葡萄糖在酒曲的作用下发酵生成相应的乙醇并释放出二氧化碳。不同粮食的成分不同,酿造出的酒的乙醇浓度也不同。酒曲的原料以纯小麦为佳,酒曲的质量会直接影响酒的质量和产量。此外,在酿酒的过程中还须注意乙醇的过度氧化,避免乙醇氧化成相应的乙酸(食醋的主要成分)。因此,化学与我们的生活密切相关,生活中一些常见的现象均可以从化学的角度来分析和理解，我们的生活本质上就是一个充满化学转化的过程。

仪狄酿酒

粮食酿酒涉及的主要化学反应：

$$(C_6H_{10}O_5)_n + nH_2O \xrightarrow{\text{水解}} nC_6H_{12}O_6$$
淀粉 　　　　　　　　　　　葡萄糖

$$C_6H_{12}O_6 \xrightarrow{\text{酒曲}} 2C_2H_5OH + 2CO_2$$
葡萄糖　　　　　　　乙醇

$$\xrightarrow{O_2} 2CH_3COOH$$
乙酸

当今时代，酒是人们餐桌上常见的饮品。但是过度饮酒将会对人的身体健康造成一定的威胁！酒虽好，切忌贪杯，大家一定要谨记喝酒不开车，开车不喝酒，避免因自己的大意造成事故和遗憾！

参考文献

[1] 许先.中国食文化讲座之十二—杜康仪狄造酒浆？——中国造酒史简述.食品健康，2007（12）：4-6.
[2] 王赛时.论中国酿酒的始源问题.衡水学院学报，2020，22（1）：13-21.
[3] 邢其毅，裴伟伟，徐瑞秋，等.基础有机化学.4版.北京：北京大学出版社，2017.

（作者：吕宁宁）

23 乙醇燃料的发展

乙醇，不仅是重要的基础化学品，也与人们的日常生活息息相关。乙醇可用于制造饮料、香精，生产乙醛、氯乙醇等，并衍生出染料、洗涤剂等产品中间体，制品多达 300 种以上。无水乙醇可以作为汽油添加剂即燃料乙醇来使用，能够有效改善汽油品质，大幅减少汽车尾气污染物排放。乙醇汽油的使用可有效减少雾霾已得到证实。监测数据显示，国内一线城市全年 $PM_{2.5}$ 来源中，机动车污染占本地污染的比例达到了 30% 以上。第五届全美乙醇年会发布的研究报告《乙醇汽油对空气质量影响》表明，乙醇对汽车尾气排放的初级 $PM_{2.5}$ 及次级 $PM_{2.5}$ 均有作用。乙醇中的氧可减少汽车尾气中初级 $PM_{2.5}$。在汽车普通汽油中加入 10% 燃料乙醇可减少 36% 的颗粒物排放，而对高排放汽车可减少 64.6%。次级 $PM_{2.5}$ 中的有机化合物直接与汽油中芳烃含量有关，使用乙醇取代汽油中部分芳烃可很好减少次级 $PM_{2.5}$。此外，乙醇汽油还可以减少一氧化碳（CO）、汽车发动机燃烧室沉积物（CCD）、苯等有毒污染物的排放，并提高汽车尾气催化转化器的效率。2004 年国家决定进一步扩大乙醇汽油推广试点，目前我国已是继美国、巴西之后世界第三大乙醇汽油生产和使用国。

目前，全世界乙醇年产量约 1 亿吨，主要利用粮食和甘蔗等生物原料生产。2020 年，我国乙醇产量为 987 万吨，其中燃料乙醇约 274 万吨，主要利用陈粮进行生产。但我国地少人多，粮食安全是头等大事，以粮食为原料制备燃料乙醇并不适合大范围推广。粮食发酵或用源于石油的乙烯进行水合反应来制取乙醇这两种方法都不完美：前者"与人争粮"，后者成本较高且依赖石油资源。因此科学家正在研究秸秆纤维素制乙醇，尽管该技术取得了一些进展，但由于经济性问题，目前还处于研发阶段。2021 年，我国汽油表观消费量为 1.4 亿吨，燃料乙醇 1400 万吨。因此，提高燃料乙醇产量对保障我国能源安全具有重要意义。

2012 年，中国科学院大连化学物理研究所和陕西延长石油集团联合开展"合成气制乙醇整套工艺技术"项目研发工作；2013 年完成了项目中试研究工作；2017 年 1 月

11日，具有我国自主知识产权技术的全球首套10万吨/年煤基乙醇工业示范项目打通全流程，生产出合格无水乙醇。50万吨/年煤基乙醇项目于2020年6月奠基动工，经过2年多建设，2022年9月投料试车，这是全球规模最大的煤基乙醇项目，标志着乙醇生产迈入大规模工业化时代，奠定了我国煤制乙醇技术的国际领先地位。

延长石油50万吨/年煤基乙醇项目以煤为原料，通过煤气化合成甲醇，再经过脱水、羰基化、加氢制取无水乙醇及其它化工产品。项目采用中国科学院大连化学物理研究所与延长石油集团联合研发、具有自主知识产权、国际领先的二甲醚羰基化制乙醇技术，是世界煤化工产业在煤制烯烃、煤制油、煤制天然气和煤制乙二醇四大路线之外，开辟的一条全新的环境友好型技术工艺路线。据介绍，按照3吨粮食生产1吨乙醇测算，项目建成投产后，每年可节约粮食150万吨，相当于2021年陕西全省粮食产量的11.8%、榆林市粮食产量的65%以上。在缓解我国燃料乙醇对粮食依赖的同时，项目每年还可转化低阶煤150万吨，加之二甲醚羰基化制乙醇技术采用非贵金属分子筛催化剂，其工业规模化和大范围推广成为可能，有效弥补了我国石油资源不足的问题，对保障国家能源安全和粮食安全具有重要战略意义。

参考文献

[1] 林海,龙林鑫,岳国君.我国生物燃料乙醇产业新进展.新能源进展,2020,8(03):165-171.
[2] 王向华,杨晓梅.全球规模最大煤基乙醇项目在陕建成.陕西日报,2022.
[3] 吴月辉.推进煤炭清洁高效利用.人民日报,2022.
[4] 傅玥雯.生物燃料乙醇生产与消费面临重要机遇.中国能源报,2014.
[5] 朱妍.全球最大煤基乙醇项目"中国造".中国能源报,2022.

（作者：刘妙昌）

24 乙醚及其它低沸点溶剂使用安全

(1) 乙醚的基本物理和化学性质

乙醚是一种沸点较低、毒性较小、有特殊气味、具有疏水性基团的无色有机溶剂，还是一种挥发性很强的易燃液体。它的主要用途包括用作有机反应的溶剂、萃取溶剂、棉纺工业中的油污洁净剂、无烟火药以及麻醉剂。

由于乙醚蒸气的相对密度大约是空气的 2.6 倍，能沿着实验室的工作台面流动、扩散，所以，实验室内不允许有其它火源。乙醚蒸气与空气或氧气的混合物遇到明火时还会发生爆炸，它的爆炸极限为 1.48%～48%，比汽油、甲醇、乙醇的爆炸极限都要宽，因此乙醚易燃、易爆的危险性都超过了危险品汽油。一旦发生燃烧，扑灭乙醚火灾比扑灭汽油火灾更为困难。

除易燃外，乙醚的危险性还表现在它能产生不稳定的有机过氧化物。这是一类爆炸性很强的物质，在加热、摩擦，甚至震动时，都有可能发生爆炸。乙醚产生的有机过氧化物为混合物，主要为以下两种过氧化合物——过氧化二羟二乙烷和亚乙基过氧化物：

过氧化二羟二乙烷　　亚乙基过氧化物

(2) 使用乙醚的注意事项

① 使用乙醚时应该在通风橱中操作；

② 严禁用明火直接加热乙醚；

③ 乙醚作为溶剂时，反应温度不宜过高，最好控制在 50℃ 以下；

④ 乙醚作为萃取剂时，分液漏斗摇晃后，需要及时放气；

⑤ 乙醚应贮存于通风阴凉处或冰箱内；

⑥ 使用久置乙醚时,应先检测过氧化物。

检验方法:用碘化钾溶液处理,若溶液变黄(游离碘 I_2 的颜色),说明有过氧化物生成。如果检测到有过氧化物生成,应当加入还原剂,如硫酸钛(Ⅲ)和50%硫酸配制的溶液或新制的硫酸亚铁,也可用氢化铝锂还原,均可破坏过氧化物。为了防止过氧化物的形成,市售无水乙醚加有微量的二乙基氨基二硫代甲酸钠作抗氧剂。

(3) 事故案例分析

事故经过:当事人对所合成的产品进行后处理,即用石油醚提纯产品。反应瓶规格为2L,石油醚1000mL(30~60℃),电热套加热回流,冷凝水冷却,至上午11时左右突然发现通风柜内有火花闪烁,接着发生爆炸。爆炸引燃了电热套和周围的纸张,当事人立即拔下电热套插座,并使用灭火器将火扑灭。

事故原因:所使用的石油醚是沸点在30~60℃的低沸点溶剂,又因夏天的连续高温,经事后测量自来水温度就达33℃,石油醚未能冷却而大量挥发。当石油醚蒸气与空气混合达到一定比例,遇火星即发生爆炸。

经验教训:因回流溶剂时冷却效果不佳致使大量溶剂挥发造成的爆炸事故已发生多起,这起事故再次给我们敲响了警钟。常规的回流实验虽然简单,但必须保证良好的冷凝效果。天气炎热时应避免大量使用溶剂,尤其是低沸点溶剂。

生命只有一次,人身安全永远要放在第一位。当下实验室安全事故时有发生,只有学好专业知识,熟悉实验室规则制度,才能有效避免。

参考文献

[1] 徐晓达. 萃取溶剂乙醚的安全使用. 中国纤检, 1983 (2): 34-36.
[2] 李月娟. 实验室中乙醚的安全性防护有几招. 监督与选择, 2004 (3): 48.
[3] 王悦, 白春华. 乙醚云雾场燃爆参数实验研究. 爆炸与冲击, 2016, 36 (4): 497-502.

(作者:周云兵)

25 重要的醇类消毒剂

1917—1919年欧洲流感导致5000万人死亡,而第一次世界大战的死亡人数只有850万人。1816年,人类历史上第一次霍乱大流行起源于孟加拉国和印度;1831年的英国霍乱大流行,几乎影响到了整个东半球;而1885年的芝加哥霍乱大流行,夺去了9万人的性命。暴发于14世纪的鼠疫(黑死病)夺去了一半欧洲人的生命,它反复爆发,直到18世纪才停止;从2019年出现的新型冠状病毒,到现在依然在全球范围内流行传播。流行病威胁着人类的生命安全,应该做好预防,其中非常重要的一点就是消毒。

常用的消毒剂产品以成分分类主要有9种:含氯消毒剂、过氧化物类消毒剂、醛类消毒剂、醇类消毒剂、含碘消毒剂、酚类消毒剂、环氧乙烷消毒剂、双胍类消毒剂和季铵盐类消毒剂。按消毒效果分类有3种:高效消毒剂、中效消毒剂、低效消毒剂。

醇类消毒剂中最常用的是乙醇和异丙醇,可凝固蛋白质,导致微生物死亡,属于中效消毒剂,可杀灭细菌繁殖体,破坏多数亲脂性病毒,如单纯疱疹病毒、乙型肝炎病毒、人类免疫缺陷病毒等。醇类杀灭微生物作用亦可受有机物影响,而且由于其易挥发,应采用浸泡消毒或反复擦拭以保证其作用时间。醇类常作为某些消毒剂的溶剂,而且有增效作用,常用浓度为75%。据国外报道:80%乙醇对病毒具有良好的灭活作用。近年来,国内外有许多复合醇消毒剂,这些产品多用于手部皮肤消毒。

主要代表产品是75%酒精。其作用机制是通过使病原微生物脱水或溶解病毒脂质外套膜从而杀灭细菌或灭活病毒,但有效浓度必须达到75%,因此研究提示75%酒精既能杀灭细菌也能灭活病毒。75%酒精消毒可以应用于多种场景:①皮肤消毒,一项研究提示使用75%酒精棉球擦手1min消毒,卫生合格率平均为98.6%;②物体表面消毒,一项研究表示用75%酒精消毒物体表面,检出存活菌数平均为3cfu/cm^2,符合标准。75%酒精的优点:价格便宜,容易获取,安全性好，可以用于皮肤黏膜消毒。缺点在于酒精易燃，存在安全隐患，且容易挥发，持续时间不长，一旦喷洒挥发则无法达到75％浓度，因此只能用于皮肤及小物品消毒，应禁止对家中空气、环境等大范围喷洒消毒，保证安全。

参考文献

[1] 中国医疗保健国际交流促进会循证医学分会.新型冠状病毒（2019-nCoV）感染的肺炎诊疗快速建议指南（标准版）.解放军医学杂志，2020：1-20.

[2] 孙金秀，安海芹，王艳荣.酒精棉球擦手消毒效果观察.护理实践与研究，2008（04）：96-97.

[3] 李子珠.酒精擦拭消毒物体表面的效果观察.中国消毒学杂志，2007（06）：495.

（作者：高文霞）

26 冠醚的发现史

Charles John Pedersen（1904—1989），1967 年发表经典论文 "Cyclic polyethers and their complexes with metal salts"，此文被多次引用，文章中第一次描述了可以选择性结合某种金属离子的冠醚（crown ether）的结构，奠定了主客体化学以及后来的超分子化学的基础。与 J-M Lehn（穴醚方面工作）和 D. J. Cram（球醚方面工作）共享了 1987 年诺贝尔化学奖。

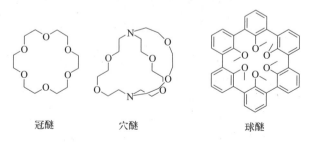

冠醚　　穴醚　　球醚

当时 Pedersen 使用简单的 Williamson 醚合成法碱催化双（2-氯乙基）醚和一

个酚羟基被保护的邻苯二酚来合成双[2-(邻羟基苯氧基)乙基]醚。

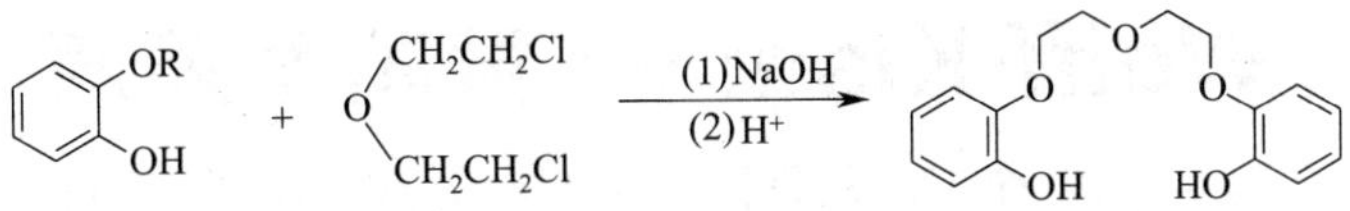

因为邻苯二酚的酚羟基保护反应不完全，所以其中含有极少量的邻苯二酚，从而产物中含有极少量的副产物Ⅱ。这个副产物的产率仅为0.4%，但是他没有放过这0.4%的"杂质"。该分子在碱金属离子存在的情况下，在甲醇中的溶解度会大大提升。因为这个有趣的现象，他设计了多种不同结构的冠醚分子，在这篇只有他一个作者的文章里，一次性报道了33种不同大小和结构的冠醚。这些冠醚的命名、合成、表征、与大量金属离子的特异结合能力、复合体结构，在这一篇文章中描述得非常清楚，涉及模板合成法、相转移催化剂、选择性结合等，这一篇文章留下的成果至今仍在超分子相关领域中被应用着。

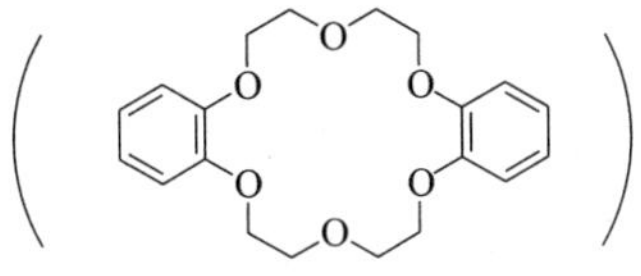

参考文献

C J Pedersen. Cyclic polyethers and their complexes with metal salts. J Am Chem Soc, 1967, 89: 7017-7036.

（作者：邵银林）

27 Wolff-Kishner-黄鸣龙还原
——首个以中国科学家命名的有机化学反应

Wolff-Kishner-黄鸣龙还原（Wolff-Kishner-Huang Minlong reduction）是第一个以中国化学家命名的反应。

1911年，俄国化学家Nikolai Kishner将液体腙类化合物逐滴加到镀铂的多孔板与KOH混合反应体系中，加热到200 ℃后可发生消除反应脱除N_2得到相应的烷烃产物。随后，德国化学家Ludwig Wolff又发现，将缩氨基脲溶于乙醇中，并加入乙醇钠作为碱，转移到封管中加热至180℃，最终同样得到烷烃产物。由于醛、酮等羰基化合物可与肼、氨基甲酰肼缩合制备相应的腙与缩氨基脲，所以这两种方法都可用于羰基化合物脱氧还原。这样的反应过程便叫作Wolff-Kishner还原反应。

Nikolai Kishner与Ludwig Wolff分别发现的羰基化合物脱氧还原的方法：

无论是Nikolai Kishner还是Ludwig Wolff的方法，反应均需在封管、高压釜等密闭条件下进行，不仅操作不方便，而且反应过程中会产生N_2，高压体系存在安全隐患。为此，人们对这种方法进行了改进：将醛、酮等羰基化合物溶于乙二醇、丙三醇等高沸点溶剂中，并加入NH_2NH_2与过量的碱（如金属钠、NaOEt），体系加热至回流状态。此时反应的产率得到明显提高，也无须在压力体系下进行。但这种反应体系同样存在缺点：反应时间长，一般需要加热反应50～100h；除此之外，体系中需要加入过量的碱与大量的溶剂。

1946年，中国化学家黄鸣龙对这一过程进行了改进，羰基化合物与NH_2NH_2缩合后形成相应的腙中间体，随后蒸馏除去形成的水与剩余的NH_2NH_2，反应可进一步升温至约200℃，反应时间大幅度缩短至3～6h，产率也得到进一步提高。除此之外，以往的反应中需使用100%纯度的NH_2NH_2，成本较高。黄鸣龙先生改进的反应条件可以使用廉价的水合肼（$NH_2NH_2·H_2O$），并且还可使用KOH、NaOH等水溶性的无机碱，成本进一步降低。相关工作发表在知名化学期刊 *Journal of the American Chemical Society* 上。

Wolff-Kishner-黄鸣龙还原：

此改进纯属偶然，黄鸣龙当时在美国做访问学者，跟随费塞（Louise Fieser）做研究。费塞让黄鸣龙做一个 Wolff-Kishner 实验，黄鸣龙开始实验后临时有事去纽约，临行前让隔壁一个同学帮忙照看反应。黄鸣龙走后数日，烧瓶软木塞逐渐松动，反应体系不再密封。这位同学因为只答应照看反应，从而没有帮忙把软木塞扶正。其结果是反应物中的肼和生成的水全蒸发了。黄鸣龙回来一看非常意外，但很快他发现产率很高。在他给费塞的实验报告上写道：反应未正常完成，但产率很高。于是黄鸣龙改进法就这样被发现了。这个改进的意义在于使所需时间从50h缩短至3h，产率从40%提高到90%，论文发表以后迅速成为标准方法。

参考文献

[1] L Kürti, B Czakó. Strategic applications of named reactions in organic synthesis. Elsevier, 2005.

[2]　M L Huang. A simple modification of the Wolff-Kishner reduction. J. Am. Chem. Soc., 1946, 68: 2487-2488.

[3]　M L Huang. Reduction of steroid ketones and other carbonyl compounds by modified Wolff-Kishner method. J. Am. Chem. Soc., 1949, 71: 3301-3303.

（作者：邵银林）

28 我国古代制醋工艺

醋在古代的叫法很多，如醯（xī）、酢（cú）、苦酒、米醋等。酿醋和食醋在我国有十分悠久的历史。《神农本草》中已有关于酒的记载，而根据酒醋同源的说法，想必醋在相应的时期也已出现。有史料记载，醋是杜康的儿子黑塔歪打正着而发明的。黑塔跟杜康一起酿酒，因发酵时间控制不当，导致酒味变酸，这种发酸的液体又别有风味，人喝了胃口大开，便在酿酒的同时也尝试酿醋。发展到春秋战国时期，酿醋从酿酒业中分离出来，开始有专业的酿醋作坊，但产量很低，这种稀少而又贵重的调料并非普通农家都能享用。

最早记载酿醋方法的著作大概是谢讽所著《食经》，其中提到"作大豆千岁苦酒法"，但记述过简，很难估计那种方法的水平。翔实记载酿醋方法的著作是《齐民要术》，其中不仅有许多"苦酒法"，而且有许多制曲酿醋法。例如秫米（黏高粱）神酢法、粟米（带皮的小米）曲作酢法、回酒酢法和神酢法等共 23 种。酿醋的原料包括谷物小米、高粱、糯米、大麦、小麦、大豆、小豆等，介绍的都是制作上等香醋的方法。以其中的神酢法为例，做法是这样的：先制醋曲，将大豆煮熟后与面粉混合，加水调和成饼状，平铺，用叶子盖上，使菌在饼上繁殖。曲菌孢子经过几天后便发芽，生出菌丝，接着菌丝又生育出大量黄绿色孢子满布于曲上。这种黄色曲，古时叫作"黄蒸"。在农历七月七日用三斛（hú，一斛是十斗）蒸熟的麦子加一斛"黄蒸"，放在洁净的陶瓮中，待两物接触发热变得温暖时，把它们拌和起来，加水至恰恰把它们淹没。保温放置两天，压榨出其中的清液，放在大瓮中，经两三天后，这时瓮体就会热起来，要用冷水浇淋瓮的外壁，让它冷却下来。这时液面上会有白沫（叫作"白醭"）泛起，要及时捞起撇掉（否则会使发酵液得不到充分的氧气，阻碍醋酸菌生长，而厌氧的酪酸菌会乘机发展起来，醋就做不成了）。满一个月，醋就可食了。

从《齐民要术》对众多造醋法的记述可以看出，在北魏时期我国的制醋匠人对酿醋过程中几个关键环节就有了周密的观察、严格的条件控制，他们的一系列判断也很符合现代科学的观点，表明酿醋工艺的成就已经达到了很高的水平。在隋唐之际，不仅已经熟练地掌握了用粮食为原料，通过直接生曲、发酵的连续过程来酿醋，而且酿醋原料更加多种多样，表明已做过广泛的尝试，所以醋的品种极为丰富。

通过三千多年来制醋工艺的发展可以看出我国古代人民的智慧，也给我们后人留下了珍贵的非物质文化遗产。时至今日，我国著名的醋有镇江香醋、山西老陈醋、保宁醋、天津独流老醋、福建永春老醋、广灵登场堡醋、岐山醋、河南老鳖一特醋及红曲米醋等。

参考文献

[1] 倪莉.《齐民要术》中制醋工艺研析.自然科学史研究，1997（04）：357-367.
[2] 颜景宗.山西制醋工艺的改革.中国酿造，1996（04）：2-5.

（作者：罗燕书）

29 反式脂肪酸

1902 年，德国化学家 Wilhelm Normann 发明了油脂氢化技术。相比于天然油脂，氢化油成本更低廉、更易保存、口感质地更好。从 1911 年开始，氢化油被广泛应用于食品领域。然而，近几十年的科学研究表明，氢化油中含有大量的反式脂肪酸，人体过多地摄入反式脂肪酸会导致肥胖，影响发育，增加心血管疾病和糖尿病等风险。根据世界卫生组织的建议，每天摄入的反式脂肪酸应不超过 2g。图中为常见的含有反式脂肪酸的食物。那么什么是反式脂肪酸？它又是如何产生的呢？

油脂是油和脂肪的统称，在分子结构上是由甘油和高级脂肪酸脱水而成的酯类化合物。自然界中有 40 多种脂肪酸，按其结构可分为分子内不带碳碳双键的饱和脂肪酸（如软脂酸、硬脂酸和花生酸等）以及分子内带一个或多个碳碳双键的不饱和脂肪酸（如油酸、亚油酸、亚麻酸等）两大类。其中，双键构型为反式的不饱和脂肪酸就是反式脂肪酸。

天然油脂中存在的不饱和脂肪酸以顺式脂肪酸为主，但几乎所有的天然油脂中都存在反式脂肪酸，如牛奶、乳制品、牛羊肉的脂肪中含 1%～8% 的反式脂肪酸。

在煎、炸等高温烹调过程中也容易产生一定量的反式脂肪酸。因此，从人类食用油脂开始，反式脂肪酸就一直存在，要从日常饮食中完全除去反式脂肪酸几乎是不可能的。而且，某些天然反式脂肪酸对于人体的生理功能有独特的效用。也就是说，不是所有的反式脂肪酸都是危害健康的。

油脂氢化技术是指在金属催化剂的作用下，液态植物油和氢气发生加成反应，分子中的不饱和双键转化为单键，最后生成固态或半固态的氢化油的反应。然而，反应过程不能保证所有的双键都发生反应，部分顺式的脂肪酸结构会转化成更稳定的反式构型，这导致了氢化油相比天然植物油含有更多的反式脂肪酸，有些氢化油中的反式脂肪酸含量甚至达到 20% 左右。随着对反式脂肪酸关注度的提高和油脂氢化技术的不断改进，部分新工艺能够实现几乎完全氢化，产物中反式脂肪酸的含量在 1% 以下。

20 世纪 90 年代，"反式脂肪酸有害论"获得了国际学术界的共识。但是，只有长期且大量摄入反式脂肪酸才能达到影响健康的程度。我们无须谈反式脂肪酸而色变，日常膳食中既没有必要，也不可能完全消除反式脂肪酸。

参考文献

[1] 柏云爱, 梁少华, 刘恩礼, 等. 油脂改性技术研究现状及发展趋势. 中国油脂, 2011, 36（12）: 1-6.
[2] 魏丽芳. 反式脂肪酸检测方法的建立及应用. 重庆: 西南大学, 2008.
[3] 周蕾. 反式脂肪酸的来源与危害. 现代食品, 2016（2）: 34-35.

（作者：陈建辉）

30 酯在香料行业中的应用：国产香水

酯是一类重要的有机化合物，在自然界中广泛存在。酯类化合物具有合成简便、性质稳定的特点，同时大多具有花香、果香或蜜香等令人愉快的香味。因此，酯在香精配方中被大量使用，是香料行业最为重要、用途最为广泛的一类化合物，约占香料总数的20%。香料经过调配后形成香精，从而应用于消费终端市场，出现在人类的日常生活中，包括食品饮料中的食用香精、香水洗发露中的日化香精以及烟草中的烟用香精等。

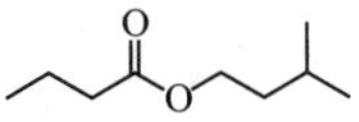

丁酸异戊酯
(苹果香)

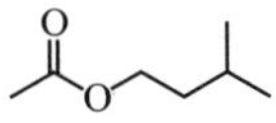

乙酸异戊酯
(香蕉香)

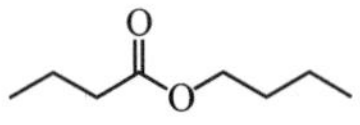

丁酸丁酯
(菠萝香)

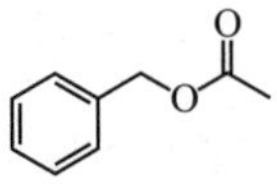

乙酸苄酯
(茉莉香)

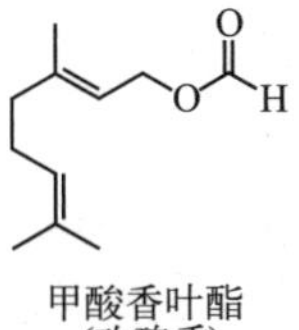

甲酸香叶酯
(玫瑰香)

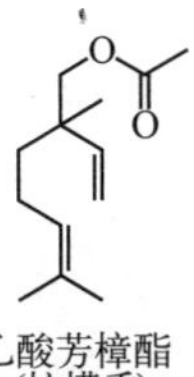

乙酸芳樟酯
(柠檬香)

尽管我国的用香历史悠久，但是由于近代历史的原因，我国的化工行业发展滞后，现代香水行业的起步较晚，随着社会发展和人民生活水平的不断提高，人们对于自身的形象越来越重视，国内香水市场快速扩大，2022年中国香水市场规模已达169亿元。在2018年以前，国内的香水市场一直被一些国际大品牌占据。近年来，中国香料企业崛起，打破了国际巨头对高端香料市场的垄断，国产香水企业也迎来了和国际香水品牌正面竞争的契机。安徽华业香料的内酯系列的受欢迎度很高，已经连续三年在细分领域排名第一，而昆山亚香香料则拥有自己独一无二的香兰素产品。随着综合国力的快速提升以及民族自信的大幅增强，国产香水品牌以其独特的香气、贴近和延续传统文化的风格以及平民化的价格，赢得了人们的喜爱。此外，国内化学化工行业科技研发水平的提高也是支撑国产香水行业崛起的重要力量。

参考文献

[1] 郭华山，李美丽，陈贵琴.国内外香水市场分析.日用化学品科学，2013，10（36）：44-48.
[2] 英敏特.中国香水市场蓄势加速增长.中国化妆品，2021（11）：30-33.

（作者：陈建辉）

31 合成纤维之王
——涤纶

"衣食住行"是人类生存最基本的四种需求，在农业文明时期，人类的衣物面料来源于自然界，包括兽皮、葛麻、丝绸和棉布等。人类进入工业文明后，石化行业生产的合成纤维成为人类衣物面料的重要来源。合成纤维是由有机二元酸和二元醇缩聚而成的聚酯化合物。

1894 年，德国化学家 D. Vorlander 通过丁二酰氯和乙二醇反应制得低分子量的聚酯化合物；随后，Einkorn 和 Carothers 分别实现了聚碳酸酯和脂肪族聚酯的合成。然而，这些聚酯大多为脂肪族化合物，分子量和熔点都较低，易溶于水，不具有作为纺织纤维的使用价值。1941 年，Whinfield 和 Dickson 用对苯二甲酸二甲酯和乙二醇反应合成了聚对苯二甲酸乙二酯（PET），这种聚合物可通过熔体纺丝制得性能优良的纤维。这种合成纤维就是涤纶，由它制成的衣物具有较高的强度与弹性恢复能力，良好的抗皱性和保形性，润湿时强度不降低，经久耐穿，可与其它纤维混纺，年久不黄。因此，1953 年起涤纶在世界范围内开始大规模工业化生产，1971 年开始，其产量上超过尼龙，成为合成纤维的第一大品种，被称为"合成纤维之王"。

石油化工 ⇒ 聚对苯二甲酸乙二酯（涤纶）

1970 年，涤纶传入我国，俗称"的确良"，虽然它有着不透气、不吸汗、肤质感较差等诸多缺点，但是在那个物资匮乏的年代，"的确良"布料凭借其牢固耐穿、颜色丰富等优点风靡全国。然而，那个时候的中国，化工工业基础薄弱，化学纤维年总产量只有 10 万吨左右，仅占国内纺织原料的 5%，无法实现涤纶的国产化生产。1973 年，党中央特批"四大化纤"项目，发展化纤工业全产业链，满足百姓的穿衣需求。1979 年 1 月，辽阳石化生产的第一批纤维原料织成涤棉细布，宣告国产"的确良"诞生。到 2003 年，全国合成纤维产量达到 1161 万吨，占全世界化纤产量的三分之一，一跃成为世界第一化纤大国。到了 2021 年，中国合成纤维产量为 6152 万吨，比全球总产量的 70% 还多，其中涤纶的产量达到 4000 万吨。20 世纪 80 年代后，纯涤纶布料的缺点被越来越多的人认识到，涤纶织物开始和各种纺织纤维混纺或交织，弥补了纯涤纶织物的不足，发挥出更好的功能。如今，中国人民早已实现了"穿衣自由"。

参考文献

[1] V von Herbert. Besser aromatisch als apliphatisch. Chemie in Unserer Zeit, 2016, 50（4）: 275-277.
[2] 郑植艺. 中国化纤产业技术发展之路. 合成纤维, 2007（10）: 1-9.

（作者：陈建辉）

32 碳酸二甲酯的合成与应用

碳酸二甲酯（dimethyl carbonate，DMC），化学式为 $C_3H_6O_3$，常温下为无色透明液体，可与大部分醇、醚、酯等有机溶剂互溶，是20世纪80年代末开发的一种用途广泛的化工原料和有机合成中间体。DMC 分子结构中含有羰基和甲氧基等官能团，具有多种反应性能。碳酸二甲酯由于具有安全、低毒、污染少、运输方便等优点，被广泛用于聚氨酯、聚碳酸酯、医药、农药、精细化工中间体、润滑油等的合成。

一、碳酸二甲酯的用途

1. 代替光气作羰基化试剂

聚氨酯的合成，传统上主要采用光气法。该法以光气和胺为原料先合成异氰酸酯，再与多元醇反应得到聚氨酯。反应中涉及的光气虽然反应活性较高，但是它的剧毒和高腐蚀性副产物使其面临巨大的环保压力，因此将会逐渐被淘汰。而 DMC 具有类似的亲核反应中心，在碱性催化剂作用下，使 DMC 先与胺类反应生成氨基甲酸酯，再经热分解而制得异氰酸酯。该方法解决了光气法路线的原料和中间体剧毒、工艺过程复杂、产生三废和设备腐蚀严重等问题，是很有前途的工艺路线。

$$R-NH_2 + H_3CO-\overset{O}{\underset{\|}{C}}-OCH_3 \xrightarrow[\triangle]{碱催化} H_3CO-\overset{O}{\underset{\|}{C}}-NHR + CH_3OH$$

$$H_3CO-\overset{O}{\underset{\|}{C}}-NHR \underset{\triangle}{\overset{碱}{\rightleftharpoons}} R-N=C=O + CH_3OH$$

2. 代替硫酸二甲酯作甲基化试剂

硫酸二甲酯是一种无色或微黄色的甲基化试剂，在化工、医药、农药、香料等领域广泛应用。但是由于其具有剧毒性，面临被淘汰的压力。而 DMC 的甲基碳受到亲核攻击时，其烷基-氧键断裂，同样生成甲基化产品，并且使用 DMC 比使用硫酸二甲酯的反应收率更高、工艺更简单。因此，碳酸二甲酯可以成为硫酸二甲酯的优良替代品，用于合成有机中间体、医药产品、农药产品等。如用于合成杀菌剂多菌灵、磺酰脲类除草剂等。

3. 低毒溶剂

DMC 具有优良的溶解性能，其熔点、沸点范围窄，表面张力大，黏度低，介电常数小，同时具有较低的蒸发温度和较快的蒸发速度，因此可以作为低毒溶剂用于涂料工业和医药行业。

4. 汽油添加剂

DMC 具有高氧含量（分子中氧含量高达 53%）、优良的提高辛烷值作用、无相分离、低毒和快速生物降解等性质，能降低汽车尾气中碳氢化合物、一氧化碳和甲醛的排放总量，此外还克服了常用汽油添加剂易溶于水、污染地下水源的缺点，因此 DMC 将成为最有潜力的汽油添加剂之一。

二、碳酸二甲酯生产技术进展

由于碳酸二甲酯在化工生产中的重要作用，对其合成的研究一直是世界各国较为重视的问题。因此，如何无毒、无污染以及简单合成碳酸二甲酯已经成为世界各国的共同目标。目前，DMC 制备技术主要包括光气法、二氧化碳氧化法、环氧乙烷酯交换法、环氧丙烷酯交换法、尿素醇解直接法、尿素和甲醇醇解法、甲醇氧化羰基化法和甲醇气相氧化羰基化法等。

1. 光气法

光气法以光气和甲醇为原料，两者反应先生成氯甲酸甲酯，氯甲酸甲酯再与甲醇反应生成 DMC。该工艺是 DMC 最传统的生产工艺，但由于原料光气毒性和副产物盐酸腐蚀性的限制，目前已被淘汰。

2. 二氧化碳氧化法

二氧化碳氧化法制备 DMC 的反应过程为 CO_2 和甲醇反应转化为 DMC 和水。该工艺消耗 CO_2，符合当前"双碳"政策的发展理念。但由于 CO_2 活化困难，且反应受热力学平衡限制，原料转化率较低，该工艺尚未实现工业化。

3. 酯交换法

该方式是以环氧乙烷或环氧丙烷与二氧化碳为原料。反应分两步进行：第一步为环氧乙烷/环氧丙烷与 CO_2 反应生成碳酸乙/丙烯酯；第二步为环状碳酸乙/丙烯酯与甲醇进行酯交换生成 DMC，同时得到副产物乙二醇/丙二醇。

$$\triangle\!\!\!\!\!{}^{O} + CO_2 \longrightarrow \underset{O}{\overset{O}{\underset{\|}{C}}}\! \xrightarrow[\text{酯交换}]{CH_3OH} H_3CO\overset{O}{\underset{\|}{C}}OCH_3 + HOCH_2CH_2OH$$

$$\triangle\!\!\!\!\!{}^{O} + CO_2 \longrightarrow \underset{O}{\overset{O}{\underset{\|}{C}}}\! \xrightarrow[\text{酯交换}]{CH_3OH} H_3CO\overset{O}{\underset{\|}{C}}OCH_3 + HOCHCH_2OH\!\!\!\!\!\!\!\!\!\!\!\underset{CH_3}{|}$$

该方法获取率较高，反应条件较为温和，基本无腐蚀，比较适宜进行工业化生产。但该方法属于可逆反应，且趋向于环状二醇酯，所以反应转化率较低；同时，单位容积生产率较低，成本较高。

4. 尿素和甲醇醇解法

这是近年来兴起的一种合成方法，以尿素和甲醇作为反应原材料，成本低、来源广，可通过尿素醇解和催化精馏方式进行，减少碳酸二甲酯在反应器内的沉积和聚集，基本不产生副产物，所以碳酸二甲酯合成产率较高。

$$H_2N\overset{O}{\underset{\|}{C}}NH_2 + CH_3OH \xrightarrow{\text{一定条件}} H_3CO\overset{O}{\underset{\|}{C}}OCH_3 + NH_3$$

5. 甲醇氧化羰基化法

甲醇氧化羰基化法以价廉的甲醇、CO 和 O_2 为原料，与酯交换法相比具有成本优势，与光气法相比具有环保优势，被认为是 DMC 合成最有前景的方法之一，可分为液相法和气相法。液相法应用较早，以氯化铜作为催化剂，将空气、氧气、一氧化碳等气体注入液态甲醇中，合成碳酸二甲酯。具体反应路线如下所示：

$$O_2 + CH_3OH \xrightarrow{CuCl_2} Cu(OCH_3)Cl \xrightarrow{CO} H_3CO\overset{O}{\underset{\|}{C}}OCH_3 + CuCl_2$$

当前，液相法合成碳酸二甲酯技术应用也比较成熟，工艺安全，生成物毒性不大，所以无需进行特殊处理，反应使用设备也相对简单，成本较低。但该技术对设备腐蚀性较强，催化剂与生成物分离难度较大，反应中催化剂易失活，影响反应稳定性。

三、碳酸二甲酯生产工艺趋势分析

碳酸二甲酯是一种新兴的绿色基础化学原料，可以满足当前清洁工艺的要求，符合可持续发展的战略趋势,同时兼具多种优良性能,因此其合成工艺受到了越来越多的关注。对碳酸二甲酯及其衍生物的研究开发已达十年之久,是世界化工研究热点之一。国内研究从多条工艺技术路线齐头并进,取得了突破性进展,应用领域也在日益扩大。

四、我国酯交换法碳酸二甲酯技术获重大突破

2020年10月10日浙江石油化工有限公司对外宣布,该公司年产20万吨碳酸二甲酯(DMC)联产13.2万吨乙二醇项目开车成功,单套装置产能为国际最大。

单套年产20万吨以环氧乙烷为原料酯交换法生产碳酸二甲酯装置

该项目采用了唐山好誉科技开发有限公司开发的酯交换法生产工艺,是该工艺技术首次在国内获得成功应用。该工艺以环氧乙烷、二氧化碳、甲醇为原料,首先用环氧乙烷和二氧化碳生产碳酸乙烯酯,然后用碳酸乙烯酯和甲醇进行酯交换,生产碳酸二甲酯同时联产乙二醇。生产的碳酸二甲酯是性能优异的汽柴油添加剂,联产的乙二醇产品达到聚酯级标准。

参考文献

[1] 田爱珍,潘志爽,宗鹏,等. CO_2 为原料酯交换法合成 DMC 专利技术进展. 炼油与化工, 2023(2): 5-8.

[2] 中国石化有机原料科技情报中心站. 酯交换法碳酸二甲酯技术获突破. 石油化工技术与经济, 2020, 36(6): 28.

[3] 李新,曾春阳,郭建军,等. 我国碳酸二甲酯生产技术现状及发展建议. 辽宁化工, 2020, 49(12): 1533-1538.

[4] 任军,李忠,周媛,等. 甲醇气相氧化羰基化合成碳酸二甲酯研究进展. 化工进展, 2007, 26: 1246-1252.

[5] 李贵生. 碳酸二甲酯合成技术研究进展. 工业催化, 2023, 31(3): 31-38.

(作者：张小红)

33 甘油三硝酸酯

甘油三硝酸酯又名硝化甘油，是一种有机化合物，化学式为 $C_3H_5N_3O_9$。在影视作品里，硝化甘油常作为威力巨大的爆炸物出现，事实也正如此。这种物质能成为大家熟知的炸药，与诺贝尔（Nobel）有着密切关系。

1833年10月21日，阿尔弗雷德·诺贝尔（Alfred Bernhard Nobel）出生在瑞典斯德哥尔摩的一个发明世家。虽然他只在正规小学读了一年书，但他从小就颇具好奇心，勤奋好学，在欧美多国求学，广泛涉猎科学、文学和哲学，除了俄语和瑞典语，他还精通英语、法语和德语。1847年，意大利化学家阿斯卡尼奥·索布雷罗（Ascanio Sobrero）发现了硝化甘油这种黄色液体，但对于它如何应用尚不清楚。有人在圣彼得堡演示了用锤子击打硝化甘油并引爆的实验，强调了它在军事上的潜力，这引起了年轻的诺贝尔的极大兴趣。从那时起，诺贝尔就决心要找到一种安全的方式引爆硝化甘油。

通过长时间的思考和实验，诺贝尔认识到要使硝化甘油爆炸，要么将其加热至爆炸点（170~180℃），要么施加强烈冲击。他开始着手寻找一种安全的引爆装置。1862年5月，他首次发现了引爆硝化甘油的原理，即通过使用少量普通火药引爆。1864年，他获得了瑞典的一个名为"雷管"的引爆装置的专利，这是他的第一项重要发明。1868年2月，瑞典科学院授予诺贝尔父子一枚金质奖章，以表彰阿尔弗雷德·诺贝尔成功将硝化甘油变成可供工业使用的炸药，并对他们家族多年来在制造炸药方面的努力表示赞扬。

大规模生产硝化甘油存在风险，在多次爆炸事故发生后，诺贝尔开始改进生产工艺以确保安全生产。他发明了使用水冷却的方法来生产硝化甘油，并设计了相应的机械设备，克服了大规模生产的障碍。这种新的炸药大大节省了爆破工程的人力，并迅速得到广泛应用。随着阿尔弗雷德·诺贝尔回国推广他的发明，并亲自进行实验，他的名声迅速传遍各国，对他的产品的需求也越来越大。然而，当时人们对炸药的危险性了解甚少，在长途运输中发生了严重的液体硝化甘油爆炸事故，引来了大量投诉信件。诺贝尔随即前往需求最大的加利福尼亚州，设法在当地建立生产基地，以避免长途运输带来的危险，并克服了各方面的阻力，专注于研究硝化甘油的安全运输方法。1867年，他将来自德国北部的多孔硅藻土与硝化甘油混合，创造了两种固体炸药：1号和2号猛炸药。这种安全且高威力的炸药在矿业、道路建设和隧道挖掘等领域得到了广泛应用。然而，这些炸药的爆炸力较纯硝化甘油要低四分之一。

硅藻土猛炸药的问世消除了猛炸药在工业上的应用障碍。与此同时，诺贝尔也意识到其不足之处：爆炸力不如硝化甘油，并且受潮或受压时仍然存在危险性。因此，他开始研制新品种，既兼有硝化甘油的爆炸威力，又具备猛炸药的安全特性。经过无数次失败后，1875年，坚结的腔质炸药和柔软可塑性极好的胶质炸药相继问世。这些新炸药具有高爆炸效力，且价格相对较低。与纯硝化甘油相比，它们具备更大的爆炸力，同时更具稳定性，不会因着火而爆炸，也不会因湿润而受潮。胶质炸药很快在瑞士、法国和意大利的爆破工程中得到广泛采用。

诺贝尔并不满足于此，他还热衷于枪炮用无烟火药的研制工作。凭借自己广博的知识和丰富的经验，他于1888年改变赛璐珞的配方，以硝化甘油代替其中的樟脑，制成颗粒状无烟火药。这种火药燃烧速度快且无残留物，适合用作枪炮的发射炸药，这就是混合无烟炸药。除了在炸药和火器技术方面持有专利，诺贝尔还在化学领域拥有许多专利。

诺贝尔希望他的发明能推动人类生产的发展，但现实却截然相反，炸药被广泛用于战争。因此他在一些人心中成为了"贩卖死亡的商人"。阿尔弗雷德·诺贝尔晚年患上心脏病，还受到风湿病的折磨。令人感到命运在和这位伟大发明家开玩笑的是，他常常服用的扩张血管药物正是与他一生事业息息相关的硝化甘油。他制造硝化甘油的初衷是用于炸开矿山和铁路的通道，而他服用硝化甘油，则是为了疏通自己受阻的血管。1896年12月10日，他在法国桑雷穆别墅去世。

诺贝尔一生勤奋努力，具备无穷创造力，将所有精力都献给了科学事业，并创造了巨大的财富，推动了人类文明的进步。1895年，他在去世前一年留下了遗嘱，将他价值超过30亿克朗财产的一部分（约920万美元）设立为基金，以其利息（每年约20万美元）作为奖金，每年颁发给在物理、化学、生物、医学和文学领域作出贡献的人，以及有效促进国际友好、废除或裁减常备军、为和平事业作出贡献的人。1968年又增设经济学奖。诺贝尔奖不受国籍限制，自1901年开始，每年在诺贝尔逝世日（12月10日）颁发。

参考文献

[1] 袁进，郝京诚. 化学：人类生存和发展的基础——以诺贝尔化学奖为线索. 大学化学, 2022, 37(1), 125-132.

[2] 朱伯卿. 硝酸甘油和硝酸酯. 国际心血管病杂志, 1979(2): 106-111.

（作者：罗燕书）

34 阿司匹林、海洛因的合成
——费利克斯·霍夫曼

1897年，费利克斯·霍夫曼发明了阿司匹林，它是世界上应用最广泛的解热、镇痛和抗炎药，也是作为比较和评价其它药物的标准制剂，拯救了无数人的生命。他在发明阿司匹林11天后又发明了二乙酰吗啡，也就是海洛因，这个众所周知的毒品，害得无数人家破人亡。

阿司匹林用于药物的合成并不是偶然的，是人类对大自然认识的结果。阿司匹林的原型是化学家从柳树皮里提取出来的化学物质，叫做水杨苷。化学家怎么会想到从柳树皮里提取水杨苷呢？据记载，两河流域的苏美尔人就已经用柳树叶子治疗关节炎。古埃及在公元前2000多年以前已经知道干柳树叶子的止痛功效。古希腊医师希波克拉底在公元前5世纪记录了柳树皮的药效。许多文章里提到，我国也很早就发现了柳树的药用价值。据《神农本草经》记载，柳之根、皮、枝、叶均可入药，有祛痰、明目、清热解毒、利尿防风之效，外敷可治牙痛。

  1763年，有个英国人，向英国皇家学会报告了用柳皮粉医治发热的疗法，声称柳树皮还能治疗疟疾。他从柳树皮里提炼出一种苦味的黄色结晶体，就是现在人们称为水杨苷的物质。1828年，法国药学家亨利·勒罗和意大利化学家皮里阿又从水杨苷里分解出水杨酸。后来德国化学家赫尔曼·科尔贝成功实现了水杨酸的人工合成。但水杨酸作为药物并不成功，它极难吃，而且对胃有刺激作用，许多患者甚至认为用它来治疗比病症本身更难忍受。拜耳药厂的霍夫曼的父亲患有严重关节炎，但他的胃却无法承受水杨酸的刺激。能否在治疗关节炎时避免或减轻对胃的伤害呢？这引起了霍夫曼的极大关注。为了解决这一难题，他翻阅了大量化学文献，于是他通过一种乙酰基化合物将其中某个酸性基团覆盖，最终将其转化成乙酰水杨酸。他发现乙酰水杨酸在减轻对胃部刺激的同时，治疗效果也更强于水杨酸。

  之后，费利克斯·霍夫曼将乙酸酐和吗啡结合，合成了二乙酰吗啡（俗名"海洛因"）。尤其是在镇痛方面的功效，海洛因让成千上万的患者摆脱疼痛，从这个角度上来看，它的确是疼痛患者的福音，是他们的"英雄"。于是拜耳公司开始对海洛因的功效进行神化，甚至在医疗界开展了一场创造性应用海洛因的医疗竞争，任何一种难以治疗的疾病，医生都会去试试海洛因会不会奏效。但是，毒品始终是毒品，随着使用人数和案例的增加，海洛因的成瘾性终于暴露出来，日益泛滥的海洛因所造成的社会危害，已经远远超过了它的药用价值。但此时海洛因这个"恶魔"已经被放出来了，想要关回去却十分困难。1930年后，海洛因致人成瘾的强大危害性终于被市场所关注并禁止使用，而此时，这个潘多拉魔盒里的"恶魔"，已经问世了33年之久。

科学是一把双刃剑，一方面能服务于人类，另一方面也可能带给人类无尽的灾难。因此，大家要树立正确的人生价值观，理性对待科学，充分利用科学造福于人类。此外，科学是严谨的，海洛因没有进行严格的临床试验便直接投入市场使用，是导致海洛因泛滥的一个主要原因。

参考文献

[1] 牛朝阳. 阿司匹林的故事. 中学生数理化(八年级物理)(配合人教版教材), 2012.
[2] W Sneader. The discovery of heroin. Lancet, 1998, 352(9141): 1697-1699.

（作者：周云兵）

35 吲哚类化合物：浓度决定香臭

当你闻到香水的香味时，是不是心情也跟着好起来了呢？当你从厕所路过时，是不是可能会被气味打扰一下心情呢？但殊不知这截然不同的嗅觉体验竟是因为同一种化学物质——吲哚，一种集芳香与恶臭于一身的化合物，既存在于普通鲜花之中，也存在于普通人的粪便之中。

吲哚属于芳香杂环有机化合物，具有双环的化学结构，含一个六元苯环和一个五元含氮的吡咯环，故又称苯并吡咯。氮的孤对电子参与形成芳香环，因此吲哚属于碱，性质也不同于简单的胺，而是一种亚胺，具有弱碱性；此外，吲哚是一种重要的有机原料和精细化工产品，它的同系物和衍生物广泛存在于自然界，主要存在于茉莉花、甜橙、白柠檬、柚皮、柑橘、苦橙花、水仙花、香罗兰等中，可广泛用于制造茉莉、紫丁香、橙花、栀子花、忍冬、荷花、水仙、依兰、草兰、白兰等花香型香精，也常与甲基吲哚共用来拟配人造灵猫香，极微量可用于巧克力、悬钩子、草莓、苦橙、咖啡、坚果、乳酪、葡萄及果香复方等香精中。其实在很多有机化合物中都能发现吲哚结构，比如动物的必需氨基酸中的色氨酸及含色氨酸的蛋白质，植物生长素（吲哚-3-乙酸）、抗炎药物吲哚美辛（茚甲新）、生物碱及色素中也包含有吲哚结构，吲哚类生物碱是自然界广泛存在的天然生物碱，具有抗菌、抗肿瘤和抗病毒等广泛的生物活性。可见吲哚以及含有吲哚结构的化学物质在生活中发挥着重要作用。

吲哚　　色氨酸　　吲哚-3-乙酸　　吲哚美辛

香水之所以这么香，是因为其中含有一种很重要的物质——吲哚。花中吲哚的实际含量是非常少的，通常在0.3%以下，既然这么低的浓度就能产生如此令人心旷神怡的味道，那何不将吲哚浓度加大，岂不是更让人沉醉？然而吲哚具有"双重嗅觉特征"，在极低浓度下具有花香，但是在较高的浓度下却具有难闻的臭味。

　　无论做任何事情，都需要正确把握度，掌握适度，才能恰到好处，否则将一事无成。真理超越一步，便成为谬误。量变与质变相互区别的根本标志就在于：事物的变化是否超出了度。度是关节点范围内的幅度，要把度和关节点、临界点区分开来。因此在实践过程中，我们要掌握适度的原则，要学会把握分寸，防止过犹不及。

参考文献

柳云. 浓度决定香臭. 现代班组，2019(2)：17.

（作者：涂海勇）

36 胺的偶合反应合成有机偶氮染料

偶合反应是重氮盐与酚类或芳胺类作用生成偶氮化合物的反应，早期的刚果红染料是由联苯胺重氮盐与萘系芳胺偶合得到的。

在众多染料中，分子中含有偶氮基团（以 N=N 连接 2 个共轭基团的结构）的一类染料称为偶氮染料。合成染料中有 70% 的染料为偶氮染料，与其它染料相比，偶氮染料因其偶氮基团具有较强的发色能力，颜色基本可涵盖整个光谱。偶氮染料一般用于日常用品的染色和着色；还因具有光致变色特点而用于掺杂高分子薄膜制作可擦重写光盘的记录介质；用作生命科学中 DNA 分子的荧光标记物；连接苯环的氮氮双键的邻位有一个硝基的偶氮染料还可作为合成苯并三唑类紫外吸收剂的原料。正是由于其独特的颜色特性及化学性质，在纺织、印染、造纸、印刷等领域得到了大量使用，如布料和服装的染色剂、酸碱反应的指示剂、光学材料的光敏剂以及细胞染色剂。目前，其使用量达到总有机染料的 80% 左右。

然而偶氮染料也具有很大的危害，这种染料在与人体长期接触的过程中，其有害成分被皮肤吸收，并在人体内扩散，然后与人体正常新陈代谢过程中释放的物质混合起来，发生还原反应。在特殊条件下分解产生 20 多种致癌芳香胺，形成致癌芳香胺化合物，经过活化作用而改变人体的 DNA 结构，引起病变和诱发恶性肿瘤，导致膀胱癌、输尿管癌、肾盂癌等恶性疾病。除了伤害人体健康之外，在生产"禁用偶氮染料"的过程中还会大量排污，由此造成严重的环境污染。

我们应该树立事物具有两面性的意识，以辩证的思维看待事物的存在。染料化学可创造绚丽多彩的世界，美化生活环境，满足人们对美好生活的需求；同时它也具有一定的危害。但并不是所有的偶氮染料都是致癌的，只有那些在还原剂存在下，或经日照、高温，或在人体中某些酶的作用下被还原分解成致癌芳香胺的偶氮染料才可能具有致癌作用。我们既要了解所谓的偶氮染料危害，也要远离这些有害物质。

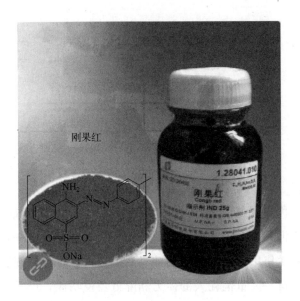

参考文献

[1] 赵琼,阮班锋,吴杰颖,等.新型偶氮化合物的合成及其光学性质.合成化学,2009,17(4):450-452.

[2] 巴桑.偶氮染料与化合物的颜色及危害.西藏科技,2015(1):38-39.

(作者:涂海勇)

37 冰 毒

冰毒的化学名称为甲基苯丙胺（methamphetamine，METH），外观为纯白色结晶体。冰毒作为世界范围内最广泛滥用的精神兴奋性物质之一，对人体中枢神经系统具有极强的刺激作用，对人体中枢神经系统造成不可逆的损害。吸食冰毒后会产生强烈的生理兴奋，大量消耗人的体力和降低免疫功能，严重损害心脏、大脑组织，甚至导致死亡，还会导致精神障碍，表现出妄想、好斗、错觉，从而引发暴力行为。冰毒的精神依赖性极强，毒性最强，只要吸食一次就能成瘾，已成为目前国际上危害最大的毒品之一。

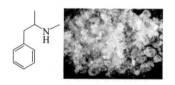

冰毒的前身苯丙胺，即安非他命，早在1887年便已问世。它最早由一名罗马尼亚化学家在德国柏林合成。1919年日本另一名化学家绪方章通过改进工艺，在实验中提炼出粉末状的甲基苯丙胺。这种粉末状甲基苯丙胺问世后，很快被发现具有兴奋和神经刺激作用，由于当时对其毒性缺乏清楚的认知，因此甲基苯丙胺被广泛用于制药领域，应用范围涵盖减肥、嗜睡、哮喘、头痛等众多症状。1936年，德国科学家迈尔发现甲基苯丙胺具有消除疲劳的作用。这一点迅速被正在扩军备战的日本和德国注意到，在两国政府的授意下，德国和日本科学家很快独立开发出各自的苯丙胺类兴奋剂，并投入大规模生产和使用，主要提供给士兵和军需厂的工人，以便使其能不眠不休地战斗和工作。

滥用药品的恶果很快便显现出来。因药品引发的使用者精神异常及暴力事件层出不穷，同时因混用针头注射药品导致的肝炎等传染病也开始流行，这一系列后果引起日本政府的注意。1951年，日本制定了觉醒剂（即兴奋剂）取缔法，对兴奋剂的生产、使用和研究都进行了严格的限制。即便如此，日本社会中的药品特别是苯丙胺类兴奋剂的滥用现象仍未能立刻消除，截至1954年，日本大约有200万人以上使用过苯丙胺类兴奋剂，兴奋剂的泛滥给日本社会带来严重的治安问题，也给全世界带来灾难。

远离毒品，珍爱生命，从认识毒品开始。毒品治理对于我国意义深重，我国对毒品及毒品犯罪历来秉持零容忍的态度。当前，境内和境外毒品问题、传统和新型毒品危害、网上和线下毒品犯罪相互交织，严重危害社会稳定、群众生命安全。同学们通过对毒品相关基础知识的了解和学习，充分了解毒品的危害，以及毒品治理的重要性。

参考文献

[1] L M Guo, Z Wang, S P Li, et al. PIP3/MLKL-mediated neuronal necroptosis induced by methamphetamine at 39℃. Neural Regen Res, 2020, 15(5): 865-874.

[2] T Ni, L Zhu, S I Wang, et al. Medial prefrontal cortex Notch1 signalling mediates methamphetamine-induced psychosis via Hes1-dependent suppression of $GABA_{B1}$ receptor expression. Molecular Psychia-try, 2022, 27: 4009-4022.

[3] T A Wearne, J L Cornish. A comparison of methamphetamine-induced psychosis and schizophrenia: a review of positive, negative, and cognitive symptomatology. Front Psychiatry, 2018, 9: 491-496.

[4] 范润月，徐星，沈瑶，等. 甲基苯丙胺引起认知功能障碍的神经生物学基础及治疗方法的研究进展. 中国药物依赖性杂志, 2022, 31(03): 161-165.

[5] 尹杰，肖玉琴，杨波. 冰毒使用者认知神经功能损伤及与攻击性的关系. 中国药物依赖性杂志, 2022, 31(03): 166-171.

（作者：高文霞）

38 吗啡的前世今生

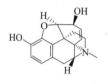 

吗啡结构式

在古埃及，罂粟被称为"神花"。古希腊人为了表示对罂粟的赞美，让执掌农业的司谷女神手拿一枝罂粟花。古希腊神话中也流传着罂粟的故事，有一个统管死亡的魔鬼之神叫许普诺斯，其儿子玛非斯手里拿着罂粟果，守护着酣睡的父亲，以免他被惊醒。人类的祖先很早就认识了罂粟。考古学家认为，罂粟是新石器时代的人们在地中海东海岸的群山中游历时偶然发现的。5000多年前的苏美尔人曾虔诚地把它称为"快乐植物"，认为它是神灵的赐予。公元前三世纪，古希腊和罗马的书籍中就出现了对鸦片的详细描述。大诗人荷马称它为"忘忧草"，维吉尔称它为"催眠药"，有的奴隶主还种植了一些罂粟，当时只是为了欣赏它美丽的花朵。

阿片（opium）是从罂粟蒴果的汁液中提取得到的。公元八世纪初，罂粟作为药材从印度等地传入中国，"阿片"又称为"鸦片"。1803年，德国药剂师泽尔蒂纳（Friedrich W. Sertürner，1783—1841）从鸦片中分离出一种生物碱，呈白色粉末状，他将这种白色粉末放到狗食里喂给狗吃，结果发现，狗吃了之后，很快就昏倒在地，就是用木棍子打它们，也毫无反应，而那些没有吃这种狗食的狗，则活蹦乱跳的。泽尔蒂纳想进一步验证这种生物碱的效果，就冒着生命危险，亲自服用了一定量的白色粉末，结果昏了过去，差点丧命。幸好最后他还是醒了过来，醒来之后，他感觉自己刚刚像进入了梦境一般，这不禁使他想到了古希腊神话中的睡梦之神吗啡斯（Morpheus），于是，他就将这种新化合物命名为"吗啡"（Morphium）。

吗啡是罂粟里的主要生物碱成分，纯净吗啡为无色或白色结晶或粉末，有淡淡的苦味。吗啡有强烈的麻醉、镇痛作用。它的镇痛范围广泛，几乎适用于各种严重疼痛，包括晚期癌变的剧痛，并且镇痛时能保持意识及其它感觉不受影响。此外还有明显的镇静作用，能消除疼痛所引起的焦虑、紧张、恐惧等情绪反应，还能引起某种程度的惬意和欣快感。吗啡的副作用也是明显的，它可以导致便秘，抑制呼吸，头晕，呕吐，在大脑皮质方面，可造成人注意力、思维和记忆力的衰退；吗啡极易成瘾，使得长期吸食者无论从身体上还是心理上都会对吗啡产生严重的依赖性，造成严重的毒物癖，从而使吗啡成瘾者不断增加剂量以达到相同效果。长期大剂量地食用吗啡，会引起精神失常，出现幻觉，大剂量的吗啡还可能导致呼吸停止而死亡。吸食吗啡的戒断症状有流汗、颤抖、发热、血压高、肌肉疼痛和挛缩等。一开始，产生这些症状时，患者并不知道这些正是"戒断综合征"，他们以为是某种疾病。19世纪60年代美国南北战争时，吗啡作为镇痛剂在美军广泛使用。战争结束后，美军当中首次出现了群体吗啡成瘾者。当人们意识到鸦片剂，特别是吗啡成瘾的严重后果后，开始寻找非成瘾性的止痛剂来代替吗啡。

1962年，我国学者邹刚、张昌绍等证明吗啡的镇痛部位为中枢第三脑室周围灰质。1973年，斯奈德（Solomon Halbert Snyder）及珀特（Candace B. Pert），找到了阿片类药物能被特异性受体识别的直接证据。1992年，运用受体分子克隆技术，阿片受体家族的三个主要成员——μ受体、δ受体、κ受体均已找到。μ受体为介导吗啡镇痛效应的主要受体，另有镇静、呼吸抑制、缩瞳、欣快及依赖性等效应；δ受体介导镇痛效应不明显，但能引起抗焦虑和抗抑郁作用，成瘾性较小；κ受体为主要介导脊髓镇痛效应，也能引起镇静作用。

吗啡的分子结构直到1925年才由牛津大学的化学教授罗宾逊爵士（Sir Robert Robinson，1886—1975）通过一系列的降解试验得出。吗啡的成瘾性、呼吸抑制等毒副作用凸显了药物的缺陷，如何通过有机合成化学方法，对化学结构的修饰来解决呢？基于吗啡结构的简单修饰未能得到满意结果，对吗啡结构骨架进行剖析，考虑简化其结构，移除一些可能不必要的结构部分，得到了一系列全合成镇痛药，如喷他佐辛、美沙酮等药物，降低了成瘾性、呼吸抑制等毒副作用。药学工作者和有机化学合成科学家正确运用从整体到局部、化繁为简及从不同方面寻找解决问题的思路。我国科学家、工程院院士池志强，自行设计、合成并系统研究了甲基芬太尼衍生物，发现了强效镇痛剂羟甲芬太尼对μ受体有很高的选择性，进一步降低了成瘾性、呼吸和运动抑制等副作用。

科学家勇于创新思路，探索未知事物，敢于挑战难题，不断地为造福社会和人类而作出贡献。

参考文献

[1] 王玥,徐开来,吕弋,等.梦神之花,堕落之果——吗啡.大学化学,2022,37(09):197-201.

[2] 卢志鹏,白洁.μ受体在吗啡成瘾及免疫抑制等疾病中的作用和机制.中国药理学通报,2020,36(12):1636-1639.

[3] A Manglik,H Lin,D K Aryal,et al. Structure-based discovery of opioid analgesics with reduced side effects. Nature,2016,537(7619):185-190.

[4] D Wang,H M Stoveken,S Zucca,et al. Genetic behavioral screen identifies an orphan anti-opioid system. Science,2019,365(6459):1267-1273.

[5] 杨家强.药物化学课程思政教学的探索——以吗啡教学为例.卫生职业教育,2022,40(13):68-70.

（作者：高文霞）

39 苏丹红与食品安全

2005年2月，英国食品标准局在官方网站上公布了一份通告：亨氏、联合利华等30家企业的产品中可能含有致癌性的工业染色剂苏丹红Ⅰ号。随后，一场声势浩大的查禁苏丹红Ⅰ号的行动席卷全球。就在英国食品标准局发出这份通告的十多天之后，北京市食品安全办向社会通报，经检测认定，广东某品牌辣椒酱中含有苏丹红Ⅰ号。在不到一个月里，某品牌快餐新奥尔良烤翅等五种食品里也都相继发现了苏丹红Ⅰ号。根据国家质检总局公布的数据，全国共有18个省市30家企业的88个样品中都检测出了工业用染色剂——苏丹红Ⅰ号。与此同时，针对苏丹红Ⅰ号的地毯式检查也在全国范围内展开。2006年11月12日，中央广播电视台也播报了北京市个别市场和经销企业售卖来自河北石家庄等地用添加苏丹红的饲料喂鸭所生产的"红心鸭蛋"，并在该批鸭蛋中检测出苏丹红。所谓的"红心蛋"并非像商家宣传的那样是因为鸭子经常吃小鱼小虾和水草下出来的"营养蛋"。为此，北京市食品安全办发出对河北"红心"鸭蛋的紧急停售令，要求对河北产"红心"鸭蛋采取市场控制措施，全市经营者禁止购进和销售来自河北的"红心"鸭蛋。同年，湖北省也发现桂林市某调味品厂生产的某品牌剁椒油腐乳和麻辣腐乳违规使用苏丹红。也有报道，在巨额利润的驱使下，不法商家通过加入苏丹红等染色剂制作血燕。由于苏丹红具有染红其它食品的功能，价格低廉，因此食品中添加苏丹红的主要目的是增加红色。苏丹红事件也引发了人们对食品安全问题的广泛关注。

苏丹红作为偶氮系列化工合成染色剂，主要应用于油彩等产品的染色。共分为Ⅰ、Ⅱ、Ⅲ、Ⅳ号，都是工业染料。比起苏丹红Ⅰ号，苏丹红Ⅳ号不但颜色更加红艳，毒性也更大。国际癌症研究机构将苏丹红Ⅳ号列为三类致癌物，其初级代谢产物磷氨基偶氮甲苯和磷甲基苯胺均列为二类致癌物，食用后可能致癌。苏丹红具有致突变性和致癌性，我国禁止将其用于食品。

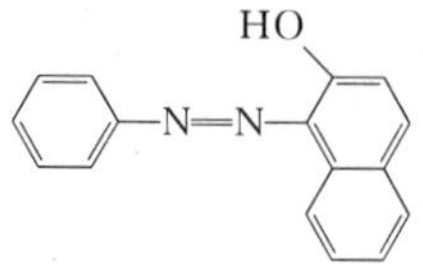

苏丹红Ⅰ号 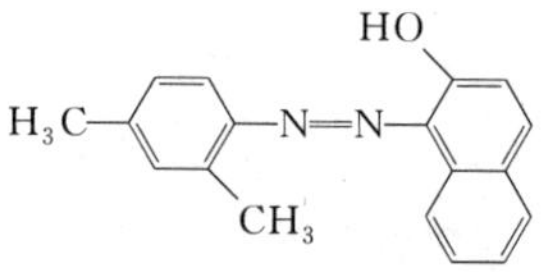　　　　　　　苏丹红Ⅱ号

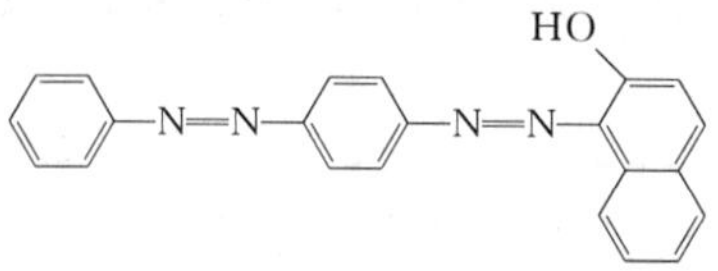

苏丹红Ⅲ号

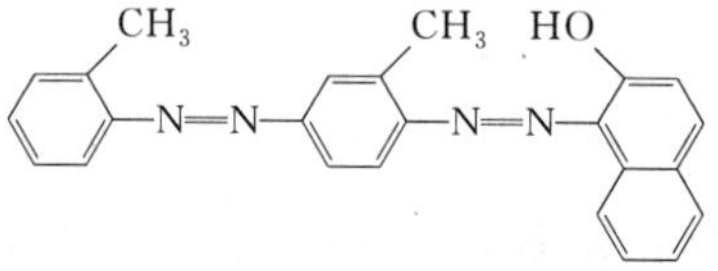

苏丹红Ⅳ号

　　食品是一种比较特殊的商品，它与每一个人都是息息相关的，食品安全直接关系到人们的身体健康。食品安全应贯穿于从加工原料到消费者食用的整个过程，这中间的每一个环节都必须将危害因素降到最低，哪一个环节没有控制好都会造成危害。苏丹红事件的曝光可以说在那些不法商家耳边敲响了警钟，警告他们若有践踏法律的行为必将受到严惩。

参考文献

[1] 韩爱云, 左晓磊, 霍惠玲, 等. 苏丹红事件及其毒性研究概况. 福建农业, 2015（4）: 176-177.
[2] 徐颖, 顾岚, 聂桂军, 等. 从苏丹红事件引发的对我们食品安全性问题的思考. 中国调味品, 2006(4): 4-8.

（作者：黄小波）

40 三聚氰胺与"毒奶粉"

含氮有机化合物是一类比较重要的有机化合物。含氮有机化合物种类很多,它们的结构特征是含有碳氮键（C—N、C=N、C≡N）,有的还含有N—N、N=N、N≡N、N—O、N=O以及N—H等。主要包括胺类、腈类、硝基类以及重氮、偶氮化合物等几大类型。另外还有含氮杂环化合物、硝酸酯、亚硝酸酯等。含氮有机化合物广泛存在于自然界,并且也是生命活动不可缺少的物质,如氨基酸等。不少药物、染料等也都是含氮有机化合物。但是不少含氮有机化合物是有毒的,而且有致癌性。

三聚氰胺（melamine）,化学式为$C_3H_6N_6$,俗称密胺、蛋白精,是一种三嗪类含氮杂环有机化合物,被用作化工原料。但由于三聚氰胺具有很高的氮含量,被不法商贩非法掺入奶粉中,以期得到高的氮含量,然后使得测试后折算的相应的蛋白质含量提高。

在2008年发生了震惊全球的毒奶粉事件。事故起因是很多食用某集团生产的奶粉的婴儿被发现患有肾结石,随后在该奶粉中发现化工原料三聚氰胺。中国国家质检总局公布国内的乳制品厂家生产的婴幼儿奶粉的三聚氰胺检验报告后,事件迅速恶化,多个厂家的奶粉都被检出三聚氰胺。该事件亦重创了中国制造商品信誉,多个国家禁止了中国乳制品进口。

从"天使"到"恶魔"的含氮化合物,再次说明科技是一把双刃剑,科技是否造福人类主要看掌握这种科技的使用者。科技是第一生产力,科技推动了社会的发展,化学在科技中占有不可忽视的地位,但是它也可能给人类带来一定的负面影响。面对权利、金钱等各种诱惑时,我们要客观地分析问题。其实问题的关键并不在于物质本身,而在于利用物质的人。三聚氰胺事件使我们深刻认识到必须加强自身修养，端正科学观，使科学技术为人类服务，树立正确的人生观和价值观。

参考文献

[1] 王丽丽，郭艳春，李国平. 有机含氮化合物教学中课程思政的探索与实践. 河南化工，2021, 38(12)：53-54.

[2] 蔡月洁，张露，金旻，等. 食品接触材料及制品中三聚氰胺污染情况分析，食品安全导刊，2022, 13：69-71.

[3] 白晶. 毒奶粉中"三聚氰胺"为何物？ 农家致富，2008（19）：58.

[4] 罗建华. 从"三鹿毒奶粉"事件看我国企业诚信缺失与治理对策. 企业经济，2009(03)：129-131.

（作者：刘妙昌）

41 季铵盐和相转移催化

相转移催化（phase transfer catalysis，PTC）是二十世纪七十年代以来在有机合成中应用日趋普遍的一种新的合成技术。在有机合成中常碰到非均相有机反应，这种反应通常速率很慢，收率低。但如果反应中使用水溶性无机盐，以极性小的有机溶剂溶解有机物，并加入少量的季铵盐或冠醚，反应则很容易进行，这种能提高反应速率并在两相间转移负离子的季铵盐或冠醚称为相转移催化剂。一般存在相转移催化的反应都存在水相和有机溶剂两相。离子型反应物一般可溶于水，不溶于有机溶剂；而有机反应物则溶于有机溶剂，不溶于水。当没有相转移催化剂时，两相彼此相隔，反应物无法接触，反应进行得很慢。当存在相转移催化剂时，可以与水相中的离子结合，并利用自身对有机溶剂的亲核性将水相中的反应物转移到有机相中，促使反应发生。

1971 年，Starks 经过多年的研究，就液-液相 S_N2 反应提出了著名的催化循环原理，奠定了相转移催化反应的理论基础。

$$R—Br + QCN \longrightarrow R—CN + QBr \text{（有机相）}$$
$$QCN \mid \quad \quad \mid QBr$$
$$NaBr + QCN \longrightarrow NaCN + QBr \text{（水相）}$$

以卤代烃与氰化钠的 S_N2 反应为例。卤代烃与氰化钠在单一的有机溶剂中反应时，由于氰化钠在有机溶剂中溶解性差，难以释放出相应的氰基负离子，导致反应进程非常缓慢。当季铵盐存在时，能使负离子在水相及有机溶剂两相间发生交换，加速有机反应的进行。

季铵盐作为相转移催化剂在工业上的应用非常广泛，可以用于合成涂料、药物中间体、高分子材料等。近年来，由于手性化合物在医药和材料方面的应用越来越多，不对称合成手性化合物在有机合成化学中占有十分重要的地位。其中，以手性季铵盐作为催化剂的相转移催化是一个新兴的领域，具有广泛的应用前景。1997年，Corey 首次设计合成了一类以辛克宁为母体含有蒽环结构的手性季铵盐催化剂

ORTEP，催化卤代烃的烷基化反应。其对映体过量值均在92%以上，有的甚至高达99.5%，几乎是定量的。

相转移催化技术的发现解决了有机合成非均相体系中反应速率慢、收率低的问题，在药物、涂料、高分子材料合成以及不对称催化方面也有十分重要的应用，具有非常重要的应用前景。且该技术的发现对非均相催化合成技术的发展有巨大的意义与深远的影响。可以预料，相转移催化必定在有机合成的各个领域发挥越来越大的作用，给我们带来更美好的生活。

参考文献

[1] C M Starks. Phase-transfer catalysis. I. Heterogeneous reactions involving anion transfer by quaternary ammonium and phosphonium salts. J Am Chem Soc, 1971, 93:195-199.
[2] 赵地顺. 相转移催化原理及应用. 北京：化学工业出版社, 2007.

（作者：邓辰亮）

42 茶与茶文化

白居易在《山泉煎茶有怀》中写道"无由持一碗,寄与爱茶人。"意思是说:手端着一碗茶,无需什么理由,只是将这份情感寄予爱茶之人。茶,是世界三大饮品之一,深受各国人民的喜爱。

中国是茶的故乡,是世界茶文化的源头,中国茶叶的品类、数量和质量均居世界第一。喝茶可以起到提神醒脑、降脂减肥、抗氧化、增强免疫力等作用,这主要是因为茶叶中含有咖啡因和茶多酚等物质。

咖啡因,是一种无色针状晶体,化学名为 3,7-二氢-1,3,7-三甲基-1H-嘌呤-2,6-二酮,具有强烈苦味,最早在咖啡中被发现,具有消除疲劳、兴奋神经等作用。在医药上多用作中枢神经兴奋剂、强心剂和麻醉剂等。但如果长期或大剂量摄入咖啡因,会成瘾并对身体造成伤害,因此我国把咖啡因列为"管制类精神药品"。

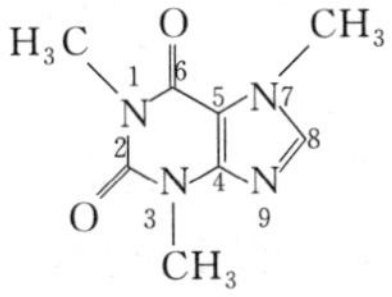

咖啡因

茶多酚,是茶叶中所含的一类多羟基类化合物,其中儿茶素类占茶多酚总量的 $60\%\sim80\%$,是一类包含 2-苯基苯并二氢吡喃结构的化合物,主要包括儿茶素、表儿茶素、没食子儿茶素、表没食子儿茶素、儿茶素没食子酸酯、表儿茶素没食子酸酯、没食子儿茶素没食子酸酯及表没食子儿茶素没食子酸酯 8 种单体。儿茶素具有抗氧化、抗炎、抗菌、抗病毒等功效。

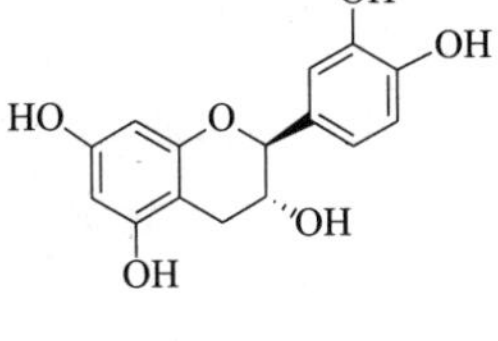

儿茶素 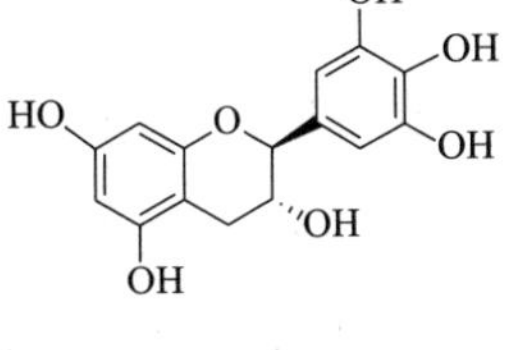　　　　没食子儿茶素 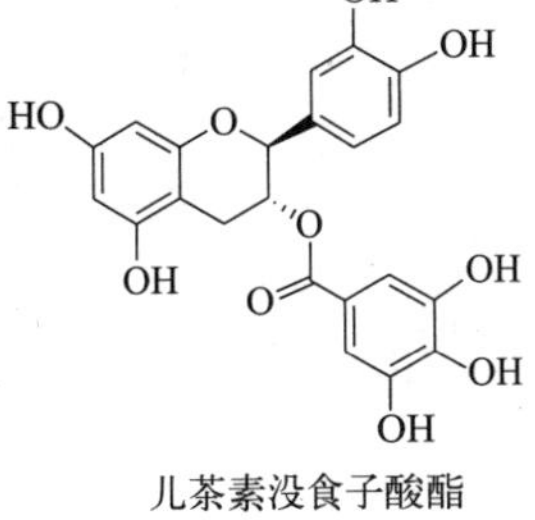　　　　儿茶素没食子酸酯

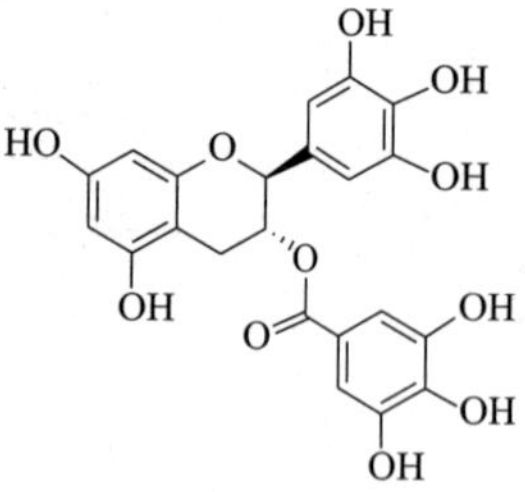

没食子儿茶素没食子酸酯 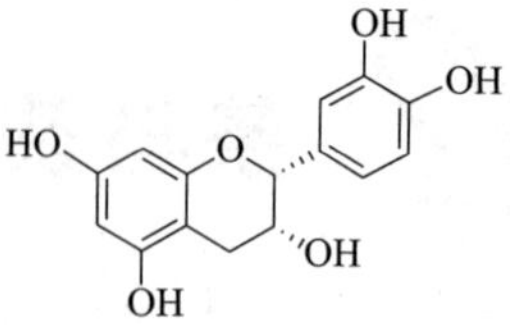　　　　表儿茶素 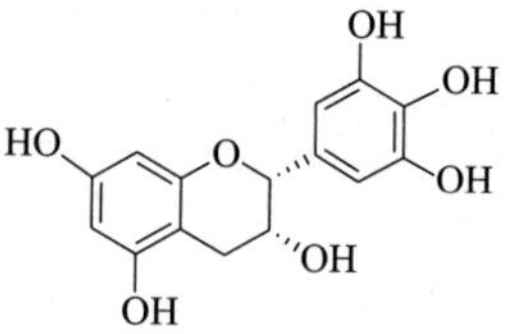　　　　表没食子儿茶素

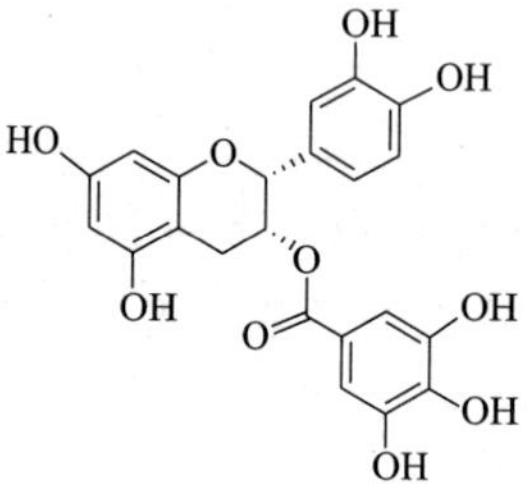

表儿茶素没食子酸酯 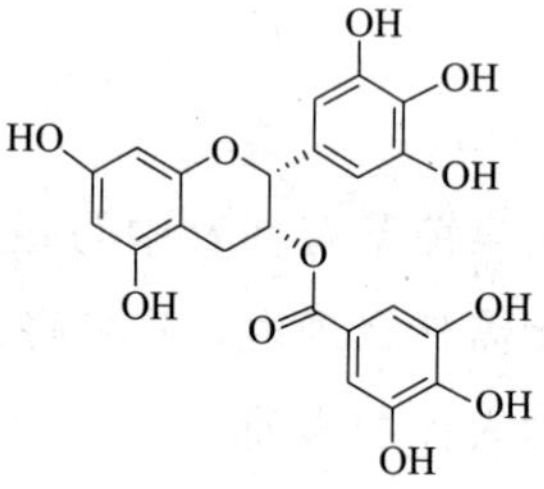　　　　表没食子儿茶素没食子酸酯

中国茶，味醇而不烈，蕴含着和谐身心，和谐人与人、人与自然关系的精神追求。中华茶文化的传承和弘扬，彰显着中华民族的文化自信。

参考文献

[1] 周智修，薛晨，阮浩耕. 中华茶文化的精神内核探析——以茶礼、茶俗、茶艺、茶事艺文为例. 茶叶科学，2021，41(2): 272-284.

[2] 陶德臣. 习近平关于茶文化论述的内涵及意义. 农业考古，2021，(2): 7-16.

[3] 邵黎雄，陆建梅，姜雪峰. 味觉化学之苦味化学. 化学教育(中英文). 2020，41(17): 7-14.

（作者：陆建梅）

43 葡萄糖的历史

葡萄糖（glucose），分子式 $C_6H_{12}O_6$，是自然界分布最广且最为重要的一种单糖，它是一种多羟基醛。其结构如下：

$$\begin{array}{c} CHO \\ H\!\!-\!\!\!\!-\!\!OH \\ HO\!\!-\!\!\!\!-\!\!H \\ H\!\!-\!\!\!\!-\!\!OH \\ H\!\!-\!\!\!\!-\!\!OH \\ CH_2OH \end{array}$$

纯净的葡萄糖为无色晶体或颗粒状粉末，有甜味，甜度是蔗糖的 0.74 倍。易溶于水，微溶于乙醇，不溶于乙醚。天然葡萄糖属于"右旋糖"。

葡萄糖在生物学领域具有重要地位，是生物体内新陈代谢不可缺少的营养物质。它的氧化反应放出的热量是人类生命活动所需能量的重要来源。植物可通过光合作用产生葡萄糖。葡萄糖在糖果制造业和医药领域有着广泛应用。

1747 年，葡萄糖被德国化学家马格拉夫（S. Marggraf）首次分离得到。但直到 1838 年，葡萄糖才被命名为 glucose，该名字源自于法语的 glucose，由法国教授 Eugène-Melchior Péligot 首次提出。

到了 19 世纪，由于葡萄糖在生物体中的重要地位，葡萄糖的化学组成和结构引起了很多科学家的极大研究兴趣。1884 年，埃米尔·费歇尔（Fischer）和慕尼黑大学的化学家吉连尼（H. iKhani）相继开始研究糖类的结构，初步探明葡萄糖和半乳糖是两种己醛糖，果糖和山梨糖是己酮糖，它们具有相同的分子式 $C_6H_{12}O_6$。在此基础上，埃米尔·费歇尔通过进一步研究发现，葡萄糖、果糖和甘露糖与苯胼反应生成相同的脎，因此推断这三种糖在第二个碳原子以下具有相同的构型。根据范特霍夫（Van't Hoff）和勒贝尔（LeBel）的立体异构理论，费歇尔推断，己醛糖有 16 种可能的构型。历经数年，费歇尔才用氧化、还原、降解、加成等方法，终于在 1891 年确定了葡萄糖的链状结构及其立体异构体。由于葡萄糖结构的确认及立体化学方面的巨大成就，费歇尔获得了 1902 年诺贝尔化学奖。

埃米尔·费歇尔

但葡萄糖的故事远没有结束，2022年4月，中国科学家通过电催化结合生物合成的方式，变废为宝，成功以二氧化碳和水为原料合成了葡萄糖和脂肪酸，为人工和半人工合成"粮食"提供了新路径。这一成果由电子科技大学、中国科学院深圳先进技术研究院与中国科学技术大学共同完成，以封面文章形式在国际学术期刊 Nature Catalysis 上发表。该研究开辟了电化学结合活细胞催化制备葡萄糖等粮食产物的新策略，为进一步发展基于电力驱动的新型农业与生物制造业提供了新范例，是二氧化碳利用的重要发展方向。

参考文献

[1] T Zheng, M Zhang, L Wu, et al. Upcycling CO_2 into energy-rich long-chain compounds via electrochemical and metabolic engineering. Nature Catal, 2022, 5: 388-396.
[2] 王建文. 葡萄糖结构的探究与应用. 数理化解题研究, 2022(15): 125-127.

（作者：张小红）

44 伍德沃德
——现代有机合成之父

罗伯特·伯恩斯·伍德沃德（Robert Burns Woodward，1917年4月10日—1979年7月8日），美国有机化学家，在有机合成领域中作出了非常了不起的贡献。伍德沃德一生致力于合成具有复杂结构的天然有机分子及其结构阐明，被称为现代有机合成之父，获得1965年诺贝尔化学奖。

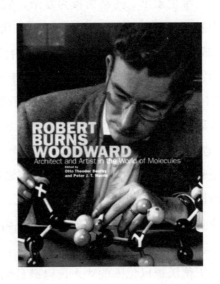

一、成长经历

1917年4月10日，伍德沃德出生于美国马萨诸塞州的波士顿。他从小喜爱读书，善于思考，学习成绩优异。1933年夏，只有16岁的伍德沃德就以优异的成绩考入美国的著名大学麻省理工学院。在全班学生中，他是年龄最小的一个，素有"神童"之称，学校为了培养他，为他单独安排了许多课程。他聪颖过人，只用了3年时间就学完了大学的全部课程，并以出色的成绩获得了学士学位。随后，伍德沃德直接攻读博士学位，只用了一年的时间，就学完了博士生的所有课程，并通过论文答辩获博士学位。博士毕业后，伍德沃德在哈佛大学执教。他教学极为严谨，且有很强的吸引力，特别重视化学演示实验，着重训练学生的实验技巧，他一生培养了很多优秀的学生，如获得1981年诺贝尔化学奖的波兰裔美国化学家霍夫曼（R. Hoffmann）等。

二、职业生涯

伍德沃德是20世纪在有机合成化学实验和理论上，取得划时代成果的伟大有机化学家。他以极其精巧的技术，合成了胆甾醇、皮质酮、马钱子碱、利血平、叶绿素等多种复杂有机化合物；探明了金霉素、土霉素、河豚素等复杂有机物的结构与功能；探索了核酸与蛋白质的合成问题；发现了以他的名字命名的伍德沃德有机反应和伍德沃德有机试剂。

获得诺贝尔化学奖后，他并没有因为功成名就而停止工作，而是向着更艰巨复杂的化学合成方向前进。他组织了14个国家的110位化学家，协同攻关，探索维生素B_{12}的人工合成问题。维生素B_{12}的结构极为复杂，它有181个原子，在空间呈魔毡状分布，性质极为脆弱，受强酸、强碱、高温的作用都会分解，伍德沃德共做了近千个复杂的有机合成实验，巧妙设计了一个拼接式合成方案，即先合成维生素B_{12}的各个局部，然后再把它们对接起来，历时11年，终于完成了复杂的维生素B_{12}的合成工作。这种拼接式合成方法后来成了合成有机大分子普遍采用的方法。

合成维生素B_{12}的过程中，伍德沃德参照了日本化学家福井谦一（Fukui Ken-ichi）提出的"前线轨道理论"，和他的学生兼助手霍夫曼一起，提出了分子轨道对称守恒原理，使霍夫曼和福井谦一共同获得了1981年诺贝尔化学奖。当时由于伍德沃德已去世2年，而诺贝尔奖不授给已去世的科学家，所以学术界认为，如果伍德沃德还健在的话，他必是获奖人之一。那样，他将成为少数两次获得诺贝尔奖的科学家之一。

在有机合成过程中，伍德沃德以惊人的毅力夜以继日地工作。伍德沃德每天只睡4个小时，其他时间均在实验室工作。据不完全统计，他合成的各种极难合成的复杂有机化合物达24种以上，所以他被称为"现代有机合成之父"。

伍德沃德谦虚和善，不计名利；伍德沃德对化学教育尽心竭力，一生共培养研究生、进修生500多人，他的学生已布满世界各地。伍德沃德在总结他的工作时说："之所以能取得一些成绩，是因为有幸和世界上众多能干又热心的化学家合作。"

1979年7月8日，伍德沃德因积劳成疾，与世长辞，终年62岁。他在辞世前还不忘告诉他的学生和助手，还有许多需要进一步研究的复杂有机物的合成工作。

他逝世以后，人们经常以各种方式悼念这位有机化学巨星。

伍德沃德的故事也告诉我们，化合物的全合成研究过程中从来都不是一帆风顺的，科学家们会遇到很多的困难与挫折，只有耐得住寂寞，迎难而上，才能战胜困难，取得非凡的成就。

参考文献

[1] 若兰. 现代有机合成之父：罗伯特·伯恩斯·伍德沃德. 科学启蒙, 2022（Z1）：74-75.

[2] 郭晓强. 有机合成的艺术大师——写在伍德沃德百年诞辰之际. 科学, 2017, 69(4): 46-49.

（作者：张小红）

45 屠呦呦与青蒿素

疟疾被世界卫生组织列为世界三大死亡疾病之一。20世纪60年代，引发疟疾的疟原虫逐渐表现出强大的抗药性，国内外对恶性疟疾均束手无策，研制新药迫在眉睫。1967年，党中央决定成立"523"项目，集中全国科技力量联合研发抗疟新药，屠呦呦临危受命。

最初，课题组只有屠呦呦一个人。她阅读大量历代中医典籍、查阅群众献方、请教老中医专家等，用3个月时间，收集了包括植物药、动物药、矿物药在内的2000多个方药，并在此基础上编写成包含640个方药在内的《疟疾单秘验方集》，送交"523"办公室。此后，屠呦呦以常山、胡椒、青蒿等为主要对象，进行重点研究。截至1971年9月初，她和同事对包括青蒿在内的100多种中药水煎煮提取物和200余个乙醇提取物样品进行了各种实验，但结果都令人沮丧：对疟原虫抑制率最高的只有40%左右。"重新埋下头去，看医书！"脾气倔强的屠呦呦又开始用心阅读中医典籍，从中寻找灵感。一天，她在阅读东晋葛洪《肘后备急方》时，被其中的一段话"醍醐灌顶"：青蒿一握，以水二升，渍绞取汁，尽服之。

屠呦呦意识到：温度是提取抗疟中草药有效成分的关键！经过周密思考，屠呦呦重新设计了新的提取方案。从1971年9月起对既往筛选过的重点药物及几十种后补药物，夜以继日地进行实验，结果证明：青蒿乙醚提取物去掉其酸性部分，剩下的中性部分抗疟效果最好！10月4日，在历经数百次的失败后，"幸福终于来敲门"：实验证实，191号青蒿乙醚中性提取物对鼠疟原虫的抑制率达到100%！

青蒿素

"我是组长，我有责任第一个试药。"1972年7月，屠呦呦等3名科研人员一起住进北京东直门医院，成为首批人体试验的志愿者。经过一周的试药观察，未发现该提取物对人体有明显毒副作用。当年8～10月，屠呦呦亲自带上样品，赶赴海南昌江疟疾高发区，顶着烈日跋山涉水，在病人身上试验，完成了21例临床抗疟疗效观察，效果令人满意。

此后，课题组再接再厉，在1972年11月获得有效的青蒿素晶体，1973年上半年完成了系列安全性试验，当年秋天用青蒿素胶囊在海南进行了首次临床试用；与中国科学院生物物理研究所、上海有机化学研究所等单位合作，在1975年底测定了青蒿素的化学结构。结果表明，青蒿素是一种不含氮的结构，完全不同于氯喹的全新药物。1977年，经卫生部同意，研究论文以"青蒿素结构研究协作组"的名义，在《科学通报》上发表，首次向全球报告了青蒿素这一重大原创成果。1986年10月，青蒿素获得卫生部颁发的新药证书。

1973年9月，屠呦呦课题组还首次发现了疗效更好的青蒿素衍生物——双氢青蒿素。1992年，她历时多年主持研发的青蒿素类新药——双氢青蒿素片获得新药证书，并转让投产。该研发项目当年入选全国十大科技成就，是屠呦呦对中国乃至世界作出的又一重要贡献。

双氢青蒿素

2000年以来，世界卫生组织把青蒿素类药物作为首选抗疟药物，在全球推广。姜廷良介绍说："2005年，全球青蒿素类药物采购量达到1100万人份，2014年为3.37亿人份。"世界卫生组织《疟疾实况报道》显示，2000年至2015年期间，全球各年龄组危险人群中疟疾死亡率下降了60%，5岁以下儿童死亡率下降了65%。青蒿素类药物作为治疗疟疾的主导药物，发挥了相当大的作用。

青蒿素在国际上被誉为"东方神药"，名副其实。实至名归的还有屠呦呦荣获的两个国际大奖：2011年拉斯克临床医学奖和2015年诺贝尔生理学或医学奖。这两项大奖，均为中国本土科学家的"零的突破"。

参考文献

[1] 葛喜珍，李映，韩永萍，等．科学与思政视角的屠呦呦与青蒿素．教育教学论坛，2020(16)：59-62.
[2] 饶毅，张大庆，黎润红．屠呦呦与青蒿素．北京：中国科学技术出版社，2015.

（作者：邵银林）

46 我国实现结晶牛胰岛素的首次全合成

蛋白质是生命现象的物质基础之一,是构成一切细胞和组织的最重要的组成成分,是生命活动的主要承担者,一切生命活动均与蛋白质有关。例如,调节人体和动物的糖代谢功能的胰岛素就是一种蛋白质。牛胰岛素则是牛胰脏中胰岛 β-细胞所分泌的一种具有降低血糖浓度的蛋白质激素。1955 年英国化学家桑格(S. Sanger)率先确定了牛胰岛素中氨基酸的组成和排列顺序,即牛胰岛素作为一种蛋白质,它含有 2 条肽链,共由 17 种 51 个氨基酸组成:A 链含有 21 个氨基酸,B 链含有 30 个氨基酸,2 条多肽链间由 2 个二硫键(—S—S—)连接,在 A 链上也形成 1 个二硫键。桑格因此工作而获得了 1958 年的诺贝尔化学奖。此后,学术界便掀起了结晶牛胰岛素全合成的热潮。

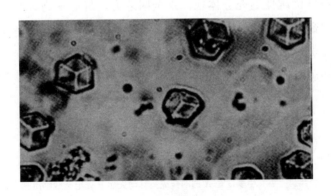

结晶牛胰岛素

新中国成立的初期,我国的科研条件远落后于美国、德国等西方发达国家,但在党中央发出"向科学进军"的号召下,1958 年底我国启动了人工合成牛胰岛素的课题。人工合成胰岛素项目被列入 1959 年国家科研计划,并获得国家机密研究计划代号"601",也就是 20 世纪 60 年代第一大任务。然而,此前除了制造味精之外,我国还从未合成过任何形式的氨基酸,而氨基酸正是蛋白质制备的基本材料。

在如此极端困难的条件下,中国科学院上海生物化学研究所、中国科学院上海有机化学研究所和北京大学化学系三个单位联合,在前人有关牛胰岛素结构和肽链合成方法研究的基础上,开始探索用化学方法合成牛胰岛素。其中,北京大学和上海有机化学研究所主要负责 A 链的合成,上海生物化学研究所主要完成 B 链的合成以及天然胰岛素的拆合重组的工作。合成工作主要分三步完成:第一步,先把天然胰岛素拆成两条链,再把它们重新组合成胰岛素,这一难题在 1959 年实现了突破,所合成的胰岛素是同原来活力相同、形状一样的结晶;第二步,将人工合成的 B 链同天然的 A 链相连接,这种牛胰岛素的半合成也在 1964 年获得成功;第三步,将经过考验的半合成 A 链与 B 链组装成结晶牛胰岛素。最终,在全体科研人员六年多坚持不懈的努力下,1965 年 9 月 17 日,我国科学家领先西方国家,首次完成了结晶牛胰岛素的全合成。经过严格鉴定,它的结构、生物活力、物理化学性质、结晶形状都和天然的牛胰岛素完全一样。这是世界上第一个人工合成的蛋白质,为人类认识生命、揭开生命奥秘迈出了可喜的一大步,实现了里程碑式的飞跃。这项成果获得了 1982 年中国自然科学一等奖,是我国科学前沿研究的典范,推动了我国生命科学研究发展并奠定了坚实的基础。

在科研基础十分薄弱、设备极其简陋的年代,我国的科学家究竟是如何实现牛胰岛素全合成这一具有里程碑式的科研挑战的?不言而喻,这正是百名科研人员怀揣着爱国之心,夜以继日、无畏艰难、勇攀高峰、通力协作的结果。同时,这也是我国社会主义制度优越性的充分体现,举全国之力,凝心聚力,共克时艰,才得以完成这一艰巨科研任务。中国科学家成功合成牛胰岛素标志着人类在探索生命奥秘的征途中迈出了关键的一步,它开辟了人工合成蛋白质的时代,在生命科学发展史上产生了重大影响。

参考文献

[1] 龚岳亭,杜雨苍,黄惟德,等.结晶牛胰岛素的全合成.科学通报,1965(11):941-945.

[2] 汪猷,徐杰诚,张伟君,等.牛胰岛素 A 链的合成及其与天然 B 链组合成结晶胰岛素.化学学报,1966(3):276-283.

[3] 汪猷,徐杰诚,张伟君,等.自合成的 A 链与天然 B 链合成结晶牛胰岛素.科学通报,1965(12):1111-1114.

[4] 杜涉.1965 年 9 月 17 日:人工合成结晶牛胰岛素成功的那一刻.百科知识,2019(7):16-17.

[5] 熊卫民.人工合成结晶牛胰岛素的历程.生命科学,2015,27(6):692-708.

[6] 戴立信,丁奎岭,朱晶.从合成结晶牛胰岛素到合成我们的未来.生命科学,2015,27(6):676-680.

(作者:吕宁宁)

47 杨震与紫杉醇的合成

20世纪60年代，美国政府曾宣布两个诺言：一个是关于登月的阿波罗计划，另一个是征服肿瘤。阿波罗登月在20世纪70年代初就实现了，但征服肿瘤一直遥遥无期。1962年8月，美国农业部植物学家Arthur Barclay带领研究生收集了一批太平洋紫杉的树枝、树皮和果实样本，经农业部交给美国国家癌症研究中心（National Cancer Institute，NCI）。初步的研究结果显示，树皮中的粗提取物对人口腔表皮样癌细胞有毒性作用，这意味着紫杉树皮中含有某种抗癌物质。1964年9月，Barclay又收集了二十多斤树皮，辗转交给了北卡罗来纳大学三角研究院（Research Triangle Institute，North Carolina）的著名化学家Monroe Wall和Mansukh Wani。经过两年的反复尝试后，终于提纯得到了一种编号为K172的物质，它具有很好的抗癌活性。因仍未弄清其具体结构，仅知这种从太平洋紫杉（*Taxus brevifolia*）中获得的物质肯定含有羟基，Wall将其命名为紫杉醇（Taxol）。1969年，紫杉醇通过了严格的抗癌药物筛选程序，成为了官方认可的潜在抗癌药物。1971年，Wall和Wani等采用X射线衍射和核磁共振分析，确定了紫杉醇的结构。

紫杉醇

1979年，分子药理学家Susan Horwitz发现，紫杉醇可以稳定和增强微管蛋白的聚合，抑制细胞的分裂过程，发挥抗癌作用。1984年，紫杉醇的Ⅰ期临床试验开展。次年，Ⅱ期临床试验也启动了。1988年，NCI首次公布Ⅱ期临床试验结果，发现紫杉醇对黑色素瘤的疗效非常显著，更重要的是，它对复发性卵巢癌的有效率达到了30%！不过，从12kg紫杉树皮中只能提纯得到0.5g紫杉醇，收率非常低。另一方面，紫杉醇是由47个碳原子组成的多环化合物，共有11个立体中心，其中包含一个季碳手性中心。紫杉醇结构上的复杂性吸引了全世界化学家的目光，从头合成紫杉醇成了许多化学家的目标。

1992年，杨震于香港中文大学获化学专业博士学位后，其导师黄乃正推荐其前往美国斯克里普斯研究所（The Scripps Research Institute）做博士后研究，追随当时化学界的全合成大师 K. C. Nicolaou。据杨震老师自述，自己时间不多，必须要尽快学到东西。怎么学？跟人家讲"你教我？"这样是不会有人教的。"我帮你干活啊！"这个是最有效的，因为他要想让你干活，就必须把真的东西告诉你，否则就给做坏了，这个时候学到的知识就全是真正的知识。

杨震去美国正好赶上紫杉醇全合成这个末班车。当时很多实验室，其中包括斯坦福大学和哥伦比亚大学的课题组，宣称他们即将完成紫杉醇的全合成。Nicolaou问他想成名吗，做这个就能成名，杨震说，好，谢谢。六个月后，他奇迹般地将紫杉醇的模型做出来了。经过近两年的日夜奋斗，基本上没有什么规范作息的概念，最终，使用汇聚式合成策略，先分别合成 A 和 C 环，再组装在一起形成 ABC 环系的路线，用39步完成了天然紫杉醇的人工全合成。这项工作轰动了世界，于1994年发表在 Nature 期刊上。值得一提的是，同年美国佛罗里达州立大学的 Holton 教授采用线性路线，用44步反应报道了紫杉醇的合成。在此之后，杨震还带头完成了 Epothilone A、海洋神经毒素 Brevetoxin A 以及 Zaragozic Acid 等具有复杂化学结构的生物活性大分子的全合成。杨震老师的拼搏精神以及爱国情怀，体现了中华儿女的优良传统，值得我们化学工作者学习。

参考文献

[1] M C Wani, H L Taylor, M E Wall, et al. Plant antitumor agents. Ⅵ. Isolation and structure of taxol, a novel antileukemic and antitumor agent from Taxus brevifolia. J Am Chem Soc, 1971, 93: 2325-2327.

[2] 知识实验室. 我在北大当教授. 上海：东方出版中心，2018.

[3] K C Nicolaou, Z Yang, J J Liu, et al. Total synthesis of taxol. Nature, 1994, 367: 630-634.

[4] R A Holton, C Somoza, H B Kim, First total synthesis of taxol. 1. Functionalization of the B ring. J Am Chem Soc, 1994, 116: 1597-1598.

（作者：张兴国）

48 自主创新的抗癌药物:埃克替尼

世界卫生组织国际癌症研究机构发布的2020年全球最新癌症负担数据显示肺癌是全球发病率第二、死亡率最高的恶性肿瘤。在我国,其发病率和死亡率最高。肺癌病例中80%以上是非小细胞肺癌。表皮生长因子受体酪氨酸激酶抑制剂单药治疗已被认为是非小细胞肺癌晚期表皮生长因子受体基因敏感突变患者的标准一线治疗方法。长期以来,小分子靶向抗癌药物的研发由国外制药巨头把持,尽管阿斯利康公司的进口靶向药物表皮生长因子受体酪氨酸激酶抑制剂吉非替尼已于2010年上市,但对大多数患者来说,其价格极其昂贵,一个月的治疗费用接近2万美元,普通家庭难以负担。直到2011年埃克替尼的问世才打破了进口药物在中国肺癌治疗领域的垄断地位。

埃克替尼是合成的小分子喹唑啉类化合物,是由我国贝达药业股份有限公司自主研发的可逆性表皮生长因子受体酪氨酸激酶抑制剂,也是我国拥有完全自主知识产权的首个小分子靶向抗癌药物,其疗效及安全性优于进口药,而价格大大低于进口药。自2011年6月获批上市以来,埃克替尼已治疗患者9万名,实现销售额24亿,取得了良好的社会效益。2016年1月8日,我国重大新药创制科技重大专项"十一五"及"十二五"重点支持的"小分子靶向抗癌药盐酸埃克替尼开发研究、产业化和推广应用"被授予2015年国家科技进步奖一等奖,这是我国化学制药行业首次获得此殊荣。

埃克替尼

埃克替尼的研发历经十余年,对贝达药业的丁列明博士团队来说是一段充满辛酸与喜悦的历程。从2000年到2001年,该团队在研究了吉非替尼结构的基础上,经过化合物设计、合成和新药化学库筛选,使埃克替尼这一新的结构式诞生。2002年,在国家鼓励留学人员归国创业的政策支持下,丁列明团队带着埃克替尼的专利回到祖国,开始了长达十年的新药研发之路。从2002年到2005年,埃克替尼的临床前研究稳步推进,2006年,埃克替尼研发团队正式向国家食品药品监督管理总局提交了新药临床研究申请,7个月后获得批准。研发团队在反复论证Ⅰ期临床试验方案的基础上,选择了北京协和医院主持Ⅰ期临床试验。中国工程院孙燕院士指导了Ⅰ期临床试验的实施,他将这个过程描述为"摸着石头过河",整个试验过程一波三折,但经过不懈的努力,2008年1月,埃克替尼Ⅰ期临床试验完成,研发团队将研究结果上报国家食品药品监督管理总局申请Ⅱ/Ⅲ期临床试验批文。孙燕院士主持了埃克替尼的Ⅱ/Ⅲ期临床试验。2010年4月,在历经2008年金融危机导致的资金链断裂和多中心质控困难等困境之后,全国27家研究中心参与的Ⅲ期临床试验最终完成。2010年5月,Ⅲ期临床试验揭盲,这是一个激动人心又无比紧张的时刻,十年心血、无数人的付出,成败在此一刻。所幸终不负所望,埃克替尼与吉非替尼疗效相当,但安全性优于吉非替尼,实现了从相似到超越的创举。

2010年7月,埃克替尼获得了国家食品药品监督管理总局下发的新药证书及销售批文。2011年8月12日,埃克替尼成果发布会在北京人民大会堂举行,成为继吉非替尼之后第二个可用于治疗晚期非小细胞肺癌的表皮生长因子受体酪氨酸激酶抑制剂。在埃克替尼成果发布会上,时任卫生部部长、中国科学院院士陈竺认为埃克替尼的成功研发堪比"民生领域的两弹一星"。中国工程院院士桑国卫也认为埃克替尼的问世是我国药物研发"从仿制到创新的转折"。

人们常说,科学没有国界,因为科学研究需要借鉴的是全人类的成果,但知识产权有国界。在国际政治风云变幻莫测的当下,我国的科研工作者要有自主创新的勇气和决心,拥有自己的知识产权,把核心技术牢牢掌握在自己的手里,只有这样才能突破西方的技术封锁,真正造福更多的中国老百姓。

参考文献

[1] 吴婷婷,任春霞,朱李飞,等.埃克替尼治疗非小细胞肺癌的研究进展.中国新药与临床杂志,2021,40(8):550-555.

[2] 邹燕青,张雷.埃克替尼致肺癌患者疾病超进展.药物不良反应杂志,2022,24(11):612-614.

(作者:黄小波)

49 胺的磺酰化反应
——应用于抗生素磺胺类药物的合成

20世纪30年代之前，由病原微生物引起的炎症和传染病严重威胁着人类健康。德国的药物学家、病理学家、细菌学家格哈德·多马克（Gerhard Johannes Paul Domagk，1895年10月30日—1964年4月24日）在以百浪多息这一橘红色偶氮染料对细菌进行染色实验时，发现百浪多息对细菌感染的小白鼠有很好的治疗效果。期间，多马克心爱的女儿不小心被铁钉刺伤感染了链球菌引发了败血症，而这一病症在当时的医疗条件下几乎无法治愈。在此危急情况下，多马克只能将女儿当成试验品，用制成的百浪多息药物给女儿注射，结果发现这一分子对细菌性感染疾病具有非常好的治疗效果，从而挽救了女儿的生命。至此，因为父爱进行的大胆尝试，百浪多息这一抑菌药物得以问世，迈出了人类征服细菌的第一步。因此，多马克于1939年获得了诺贝尔生理学或医学奖，但由于希特勒禁止德国人接受诺贝尔奖，直到第二次世界大战之后，多马克才于1947年赴斯德哥尔摩补领奖章和奖状。

格哈德·多马克

百浪多息分子作为一种偶氮染料,具有一定的毒性,不可大量服用,那百浪多息药物是如何治疗细菌性感染疾病的呢?通过对百浪多息在人体内的代谢过程的研究与分析,科学家发现百浪多息分子本身不具备抑菌效果,不是真正的药物,百浪多息在人体内分解形成的对氨基苯磺酰胺才是起到杀菌作用的目标分子。其作用机制:对氨基苯磺酰胺的化学结构与对氨基苯甲酸类似,可影响细菌生长所必需的二氢叶酸的合成,从而抑制细菌的生长和繁殖。基于这一发现,百浪多息逐渐被更廉价的对氨基苯磺酰胺(简称磺胺)所取代。磺胺类药物是第一个可通过化学手段合成出来的抗菌药物,即通过苯胺底物的磺酰化反应可简便制备。进一步的药理学研究表明磺胺分子上的游离氨基是该药物的抗菌活性部分,若被取代,则失去抗菌作用;而当磺酰氨基上的氢被不同杂环取代,则可形成不同种类的磺胺药,且与母体的磺胺相比,这些磺胺药物具有效价高、毒性小等优点。化学合成的磺胺类药物为人类抵抗细菌侵袭开启了新的时代。尽管目前有大量的抗生素问世,但磺胺类药物具有简单易制备、广谱的抗菌性、性质稳定、使用简便、供应充足等特点,仍然是细菌性感染疾病重要且广泛使用的化学治疗药物。

如今我们司空见惯的化学合成药物,都是 20 世纪初人类一直未敢奢望的神奇产物。针对病原微生物感染引发的不治之症的棘手难题,凭借科学家们艰苦探索、敢于质疑和"刨根问底"的精神,开发出了百浪多息这一抗菌药物。在此基础上,进一步实现了以磺胺为抗菌类药物的突破。磺胺类药物的发现开启了化学合成药物的新篇章,为人类健康作出了巨大贡献,挽救了无数被细菌感染的病人。因此,药物研发一直与化学发展同行,化学不断开启着生命旅行的新大门,同时也让人类的生活变得更加美好幸福。

参考文献

[1] 唐玉海,张雯.化学与人类文明.北京:化学工业出版社,2020.
[2] 吕怡芳.磺胺类药物的药理与临床应用.吉林医药,1974(4):49-60.

(作者:吕宁宁)

50 香兰素

香兰素（vanillin）俗称香草粉、香草醛，是白色或微黄色结晶，是从芸香科植物香荚兰豆中提取的一种有机化合物，具有香荚兰香气及浓郁的奶香，为香料工业中最大的品种之一，是人们普遍喜爱的奶油香草香精的主要成分。其用途十分广泛，如在食品、日化、烟草工业中作为香料、矫味剂或定香剂，其中饮料、糖果、糕点、饼干、面包和炒货等食品用量居多。

香兰素

我国是香兰素的生产和使用大国。截至2019年，全球香兰素总产量近2万吨，我国香兰素的产量约占全球总产量的70%，产品生产技术已达国际先进水平。我国生产的香兰素产品具有质量好、性能稳定等特点，且同等香兰素产品价格与国外相比较低，因此在全球市场上有很强的竞争力，每年有近万吨的出口量。截至2019年，我国的香兰素年消费量在2000~2500吨。其中食品工业占55%，医药中间体占30%，饲料、调味剂占10%，化妆品等占5%。

香兰素按生产方法可以分为天然香兰素（从香荚兰豆中提取）和合成香兰素两类，而后者在生产成本和产量上占有绝对的优势。根据使用的原料不同，合成方法可以分为木质素路线、丁香酚路线、4-甲基愈创木酚路线和愈创木酚路线。木质素路线是利用造纸工业的亚硫酸纸浆废液中所含的木质素磺酸盐为原料，经碱性高温高压水解，然后脱水再进行氧化制得香兰素。丁香酚路线是在碱性条件下，将丁香酚异构化成异丁香酚钠，然后用氧化剂将异丁香酚钠盐氧化成香兰素钠盐，再经酸化处理得到香兰素。4-甲基愈创木酚路线是直接将4-甲基愈创木酚溶于溶剂中，直接氧化得到香兰素。木质素路线生产过程污染严重，产品质量偏低，生产的香兰素重金属离子含量较高，许多国家已经放弃这一工艺路线。丁香酚路线和4-甲基愈创木酚路线后处理简单，产生的三废少，但原料来源渠道较少。现在主要采用的是愈创木酚路线，该路线又可以分为亚硝化法和乙醛酸法。愈创木酚-亚硝化法的反应过程为由愈创木酚与甲醛反应，接着与 4-亚硝基-N, N-二甲基苯胺发生氧化，水解制得香兰素。愈创木酚-亚硝化法使用原料种类多、工艺流程长、分离过程复杂，反应效率低，应用该工艺产生三废多，在国外已被淘汰。但在 2005 年以前该方法仍是我国采用的主要生产方法，后因设备腐蚀及环保要求的提高，国内生产规模较大的厂家相继放弃愈创木酚-亚硝化法，并转而采用愈创木酚-乙醛酸法，即愈创木酚和乙醛酸缩合，再在催化剂作用下经氧化、脱羧生成香兰素。愈创木酚-乙醛酸法合成香兰素工艺产生三废较少，后处理方便，收率可达 70%，是国内外最常用的方法。

2002 年至 2007 年，嘉兴中华化工公司与上海欣晨公司共同研发出生产香兰素的新工艺（愈创木酚-乙醛酸法），并作为技术秘密加以保护，嘉兴中华化工公司也成为全球最大的香兰素制造商。但 2010 年，已离职员工窃取香兰素技术秘密并披露给某集团公司及其关联企业使用，对嘉兴中华化工公司的原有市场形成了较大冲击,导致嘉兴中华化工公司的全球香兰素市场份额从 60% 滑落至 50%。2018 年 5 月,嘉兴中华化工公司与上海欣晨公司向法院起诉,请求法院判令某集团公司等五被告停止侵害其商业秘密,赔偿原告经济损失及合理费用 5.02 亿元,浙江省高级人民法院一审判赔 350 万元。2021 年 2 月,最高人民法院对此案二审宣判,判决被诉侵权人某集团公司等赔偿 1.59 亿元。该案是迄今为止我国法院判决赔偿数额最高的侵害商业秘密案件。

由香兰素的合成方法改进,我们不难发现科学技术的进步在改善我们的自然环境和减少工业污染方面的巨大作用,而且科学探索的脚步是永不停歇的。同时,从科学技术的进步带来的巨大收益以及相关商业纠纷无不警示我们要重视知识产权。

参考文献

[1] 吕晓婕. 香兰素行业发展状况. 现代食品,2019(07):14-16.
[2] (2020)最高法知民终1667号民事判决书

(作者:李欢)

51 人类历史上第一种人工合成染料——苯胺紫

威廉·亨利·珀金（William Henry Perkin，1838—1907，英国人）是世界上第一种人工染料和第一种合成香料的发明者，是一位为化学工业的发展作出杰出贡献的英国科学家。

1856年，18岁的研究生珀金正在进行着合成抗疟疾特效药物奎宁的工作，这是一种从南美洲印第安人居住地的一种金鸡纳树的树皮中提取的药物，价格非常昂贵。由于当时的条件限制，人们还无法知道奎宁的准确分子结构，因此，珀金只能通过大量实验来不断摸索。

从煤焦油里提取出来的物质中，有几种物质的化学结构与奎宁较为相似，因此珀金就想对它们进行各种化学处理，期望得到与奎宁类似的物质，但都没有成功。一天，他把苯胺（一种从煤焦油中获得的化学品）和重铬酸钾混在一起，结果得到了黑色的沉淀物，实验又失败了，但考虑到这种黑色物质是一种有机物，用水不易清洗，珀金就加入了酒精，这时，黑色物质被酒精溶解，呈现美丽夺目的紫色。珀金没有放弃这种现象的研究，而是思索这种紫色物质能否用于染布，这就是世界上第一种人工合成的化学染料苯胺紫。从生产苯胺紫开始，用煤焦油作原料的人造染料工业得到了迅速发展，人造染料很快就取代了木兰、茜草之类的天然染料，也为塑料、化纤等合成化学工业拉开了序幕。

后来，经过化学家们的研究，他们发现苯胺紫并非单一结构的化合物，而是由Mauveine A、Mauveine B、Mauveine C、Mauveine B2 四种物质所组成的混合物。

Mauveine A

Mauveine B

Mauveine C

Mauveine B2

科学发现是抓住机遇的过程，机遇偏爱有准备的头脑。珀金得到的黑色沉淀物，不少研究者也曾得到过，但都被当作失败品扔掉了，只有珀金在意外之余感到惊喜，精心提取了这一物质，发现了苯胺紫染料。

参考文献

[1] 程先华. 怀念英国化学家珀金. 化学教育，2008，29(6)：74.

[2] 李淑红. 影响一生智慧丛书——灵感成就你的天才. 呼和浩特：内蒙古人民出版社，181-182.

[3] J Seixas de Melo，S Takato，M Sousa，et al. Revisiting Perkin's dye(s)：the spectroscopy and photophysics of two new mauveine compounds (B2 and C). Chem Commum，2007：2524-2626.

(作者：陆建梅)

52 喜树碱类药物研究发展历程

喜树碱类药物是细胞毒类药物的重要代表，也是当前临床使用最为广泛的一类细胞毒类药物，在肿瘤临床治疗中占有不可替代的重要地位。1966年Wall等首次从喜树茎中提取、分离出了一种生物碱并确定了它的化学结构。1967—1970年研究者发现该生物碱在体外对Hela细胞、L1210细胞及啮齿类动物显示较强的抗肿瘤活性，引起人们的广泛关注。试验表明其对白血病、胃癌、直肠癌具有一定的疗效。但由于该碱使病人产生难以忍受的恶心、呕吐、腹泻、脱发等强烈毒副作用，以及其制成水溶性钠盐后抗癌活性降低等因素，喜树碱的临床研究在20世纪70年代中后期几乎陷入停顿。

喜树及果实

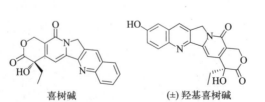

喜树碱　　　　　　(±)羟基喜树碱

喜树是我国特产植物，属于国家二级保护植物，主要分布在我国中南、西南地区，但是天然资源十分有限且含量很低，这给喜树碱的提取和应用带来极大不便。值得庆幸的是，有机合成化学为人类开拓了喜树碱化学合成研究的新领域。1971年由 Stork 和 Volkman 开始了最早的喜树碱合成研究，但制备的喜树碱多为消旋构型，没有生物活性。于是手性合成喜树碱的研究成为研究者关注的焦点。1975年，Coery 等首先打开了手性全合成喜树碱的大门。虽然当时合成的产率很低（0.3％），反应步骤很长（21步），但他们的工作为后续研究者开启了新的研究方向。其后，经过20世纪80年代、90年代科学工作者的努力，合成方法得到不断改进，产率由最初的0.3％上升到14％左右；步骤则逐渐控制在10步以下。1997年 Ciufolini 等又给人们带来惊喜，他们报道了一种5步合成手性喜树碱的方法，总产率可达到51％，且原料价廉。有机合成化学家对喜树碱化学合成的研究不断深入，经历20多年的艰苦探索，基本使喜树碱的广泛应用成为现实。解决科研难题的快乐和取得研究进展的欣喜总是吸引着科学家不断探索，但是科学研究过程中的探索必须有一股钻研到底的精神，才能取得成功。

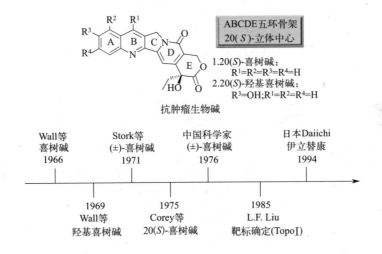

参考文献

[1] M E Wall, M C Wani, C E et al. Plant antitumor agent. The isolation and structure of camptothecin, a novel alkaloidal leukemia and tumor inhibitor from camptotheca acuminate. J Am Chem Soc, 1966, 88(16): 3888-3890.

[2] 方晓阳, 肖家军. 喜树碱类药物四十年研发的回顾与反思. 医学与哲学, 2005, 26(1): 30-31.

[3] E J Corey, D N Crouse, J E Anderson. Total synthesis of natural 20(S)-camptothecin. J Org Chem, 1975, 40(14): 2140-2141.

[4] D P Curran, H Liu. New 4+1 radical annulations. A formal total synthesis of (±)-camptothecin. J Am Chem Soc, 1992, 114(14): 5863-5864.

[5] K Li, J Ou, S Gao. Total synthesis of camptothecin and related natural products by a flexible strategy. Angew Chem Int Ed, 2016, 55(47): 14778-14783.

[6] R Peters, M Althaus, A L Nagy. Practical formal total synthesis of (*rac*)-and(*S*)-camptothecin. Org Biomol Chem, 2006, 4(3): 498-509.

[7] C J Thomas, N J Rahier, S M Hecht. Camptothecin: current perspectives. Bioorg Med Chem, 2004, 12(7): 1585-1604.

[8] C Wei, Z Jiang, S Tian, et al. Highly facile approach to the formal total synthesis of camptothecin. Tetrahedron Lett, 2013, 54(34): 4515-4517.

（作者：高文霞）

53 麝香

麝香，可作为中药材，为鹿科动物麝雄体香囊内的分泌物，具有开窍醒神、活血通经、消肿止痛的功效，主治闭证神昏、疮疡肿毒、瘰疬痰核、咽喉肿痛、血瘀经闭、症瘕、心腹暴痛、头痛、跌打损伤、风寒湿痹、难产、死胎、胞衣不下。麝香所含成分主要有：麝香大环化合物如麝香酮等，甾族化合物如睾丸酮、雌二醇、胆固醇，多种氨基酸如天门冬氨酸、丝氨酸，以及无机盐和其它成分如尿囊素、蛋白激酶激活剂等。

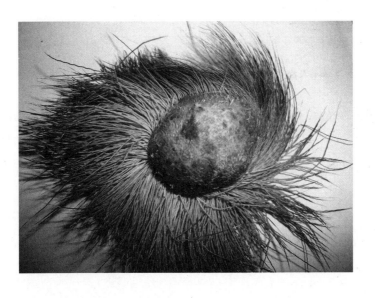

此外，麝香还被称为香中之香，其香浓烈持久，馥郁特异，因此还可以作为高级香料的重要原料。唐代诗人杜甫在《丁香》诗中描述"晚堕兰麝中"，古代文人、诗人、画家都在上等麝料中加少许麝香，制成麝墨写字、作画，芳香清幽，若将字画封妥，可长期保存，防腐防蛀。

像麝香这样的具有医学价值或能显著提高人类生活品质的中药材比比皆是，这

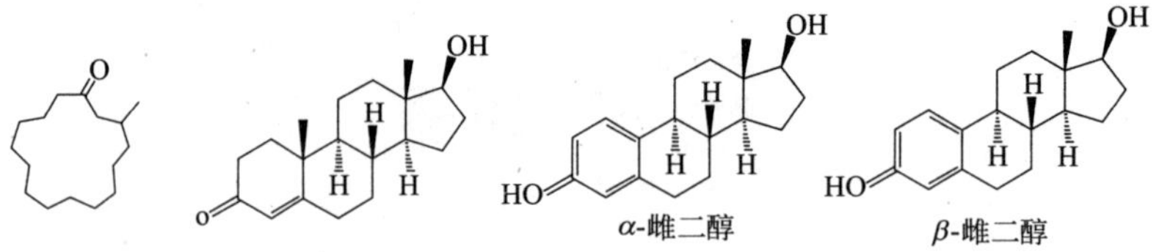

麝香酮　　睾丸酮　　α-雌二醇　　雌二醇　　β-雌二醇

充分体现了我国古代人民的智慧和东方文化的魅力。但是值得注意的是，旧时通常采用"杀麝取香"的手段获得麝香，而如今这些产生麝香的鹿均被列为国家二级保护动物，所以必须采用更科学的方法获取麝香。由于麝香的化学成分已经比较明确，所以通过化学合成的手段制备麝香也成为可能。麝香酮有多种合成方法，原料可选择环己酮、丁二烯、环十五酮等。以丁二烯为原料是目前研究得较多、比较有前途的方法之一，由丁二烯制备-1,5,9-环十二碳三烯，然后氢化、氧化成环十二酮，再经多步反应得到麝香酮，收率可达40%。麝香酮是天然麝香的主要成分。天然麝香一般含麝香酮1.2%～1.4%。将天然麝香水蒸气蒸馏数天，用乙醚抽提馏出液，并制成缩氨脲，然后精制、分解，最后用蒸馏法精制而得。

参考文献

[1] 陈勇，王洁，杨彤，等.麝香及麝香类中成药在心力衰竭中的研究进展.实用中医内科杂志，2023，37(1)：57-59.

[2] 任九卓林，高继海，郑程莉，等.麝香的历史与文献综述.中国现代中药，2023，25(3)：608-615.

（作者：罗燕书）

54 青霉素的发现

自古以来,传染病就是人们的一大"天敌",在科技并不发达的古代,一旦得了传染病,那就意味着死亡,数代医学家为传染病的预防和治疗都作出了不懈努力。后来有研究表明,细菌才是导致传染病大规模传播的罪魁祸首,于是人们又千方百计地寻找消灭传染病细菌的方法,直到青霉素被发现,才结束了传染病近乎无法治疗的时代。

发现青霉素的是来自英国的亚历山大·弗莱明(Alexander Fleming)。1927年的一天,一篇关于导致医院内交叉感染的金黄色葡萄球菌变异的研究论文引起了弗莱明的注意,论文称,金黄色葡萄球菌在培养基上经历52天的温室培养后,会产生多种变异菌落,其中含有某种不知名的白色菌落,但文中并未解释这种变异菌落的用途。出于对该文的疑惑,弗莱明决定弄清楚这些变异菌落的用途。就这样,从1928年初到7月份,弗莱明一直在实验室中重复着金黄色葡萄球菌变异的研究。在这几个月的研究过程中,弗莱明养成了一个习惯,即便不是为了观察变异菌落所做的培养基,也要在清洗之前置于室温条件下做最后一次观察。弗莱明的目的也很简单,不放过任何一种可产生新的变异菌落的方法。

恰逢假期来临,弗莱明决定放松一下,在临走前,他将金黄色葡萄球菌置于培养皿中就出去度假了。几个月后,当他度假归来再次检查之前置于培养皿中的金黄色葡萄球菌时发现,金黄色葡萄球菌由于受到了污染而长了一大团霉,而这些霉竟能将周围的金黄色葡萄球菌全都"杀死",原来生长旺盛的金黄色葡萄球菌在这些霉的作用下竟然都消失不见了!弗莱明当即意识到,自己可能发现了什么了不得的东西,于是他小心翼翼地将这些霉刮出一点,置于无菌的琼脂培养基上,结果发现在无菌条件下,这种霉菌繁殖得很快,形成一个个暗绿色的霉团。后经过鉴定,弗莱明发现这些呈暗绿色的霉团是青霉菌的一种,随后弗莱明又将这些霉团接种到含有各类细菌的培养皿中,结果发现,这些霉团不仅能"杀死"金黄色葡萄球菌,链球菌、白喉棒状杆菌等生活中常见的细菌都能被它消灭,于是他将经过过滤所得的含有青霉菌分泌物的液体叫作"青霉素"。

但是，尽管弗莱明发现了可消灭大部分细菌的青霉素，但他提出将青霉素应用于人体上的请求却遭到了拒绝，其中最重要的一个原因就是提纯方法，提纯方面的问题导致青霉素无法大量生产，无奈之下，弗莱明在 1934 年暂停了对青霉素的研究。直到 1939 年，英国病理学家弗洛里（Howard Walter Florey）和德国生物化学家钱恩（Ernst Boris Chain）在查阅资料时看到了弗莱明关于青霉素的论文，于是两人开始合作，重新研究青霉素的分离和提纯方法，最终于 1941 年成功解决了青霉素难以提纯的问题，让青霉素能大量生产并用于人体。当时正逢二战期间，青霉素的大量生产拯救了二战中无数的伤员。因此二战结束后，青霉素与原子弹、雷达并列为第二次世界大战三大发明。弗莱明也因此登上了 1944 年美国《时代》周刊。

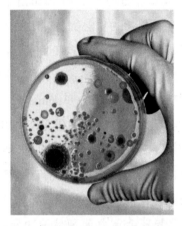

青霉素的应用结束了一个传染病几乎无法根治的时代，使人类平均寿命延长了近 15 年。而因为这一造福人类的贡献，弗莱明、钱恩和弗洛里三人共享了 1945 年诺贝尔生理学或医学奖。毫不夸张地说，青霉素的发现是人类发展抗菌药物史上一个重要的里程碑！以青霉素为代表的抗生素的大规模使用，同样离不开化学合成技术的发展和应用，正是化学和生物学的完美结合创造了这一奇迹。直至今日，青霉素仍是世界上流行最广、应用最多的抗生素，并且它引发了医学界寻找抗生素新药的高潮。

参考文献

[1] 陈仁政.10个"发明之父"之五 青霉素的发现者弗莱明.百科知识,2018(10):24-26.
[2] 王斌全,赵晓云.青霉素的发现及应用.护理研究杂志,2008,22(20):1879.

（作者：罗燕书）

55 麻醉药的故事

麻醉剂是中国古代外科成就之一。早在距今 2000 年之前，中国医学中已经有麻醉药和醒药的实际应用了。《列子·汤问篇》中记述了扁鹊为公扈和齐婴治病："扁鹊遂饮二人毒酒，迷死三日，剖胸探心，易而置之；投以神药，既悟如初……"用"毒酒""迷死"病人施以手术再用"神药"催醒的故事。东汉时期，即公元 2 世纪，我国古代著名医学家华佗发明了麻沸散，麻沸散入选中国世界纪录协会世界最早的麻醉剂，麻沸散作为外科手术时的麻醉剂，创造了中国古代医学的一个世界之最。

西医用笑气、乙醚、氯仿等化学麻醉剂进行外科手术仅有 150 年左右的历史。西医麻醉药的发现要追溯到 18 世纪后叶，英国的杰出化学家普利斯特利和法国的拉瓦锡对空气中氧的发现和氧的效用的认识。普利斯特利在 1771 年制造出氧气，1772 年制造出了氧化亚氮，这就是后来第一种化学麻醉药——笑气。1841 年冬天，医生朗在费城医学院读书时，建议用乙醚代替笑气试试，结果吸入乙醚的效果与笑气引起的现象相仿。乙醚应用于外科手术后，使"无痛外科手术"得以实现。患者不再因剧烈的疼痛而休克或死在手术台上，医生也不必在撕心裂肺的嚎叫声中匆忙手术。

1860 年，尼曼（Albert Niemann）首先从南美洲哥伦比亚中部地区古柯树的古柯叶中提取了一种白色的生物碱，品尝之后发现它可以引起口舌麻木，而且几乎没有味觉了。这种生物碱被命名为"可卡因"。

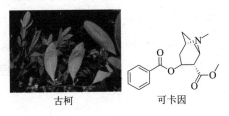

古柯　　可卡因

1884年，维也纳眼科专家柯勒（Carl Koller，1857—1944）首先将可卡因用于临床，作为眼外科的表面麻醉。可是古柯树的资源毕竟有限，而且古柯碱（可卡因）具有成瘾性，对中枢神经系统及心血管系统的毒性也大，呼吸中枢一旦麻痹，可导致死亡。因此，寻找起效快、毒性小的可卡因替代品显得尤为重要。

柯勒

1905年，德国化学家艾因霍恩（Alfred Einhorn）和他的同事历经十几年的努力，终于合成了优秀的局部麻醉药（简称局麻药）普鲁卡因。此后近半个世纪，普鲁卡因一直是局麻药的原型药。

与局麻药同步发展的，还有使用局麻药的方法，例如浸润及传导阻滞麻醉法、蛛网膜下腔麻醉法（腰麻）、脊椎麻醉法、局麻与全麻同时使用的方法等。技术的改进也加速了局麻药应用的普及。而今，现代麻醉学已经成为临床医学中一个重要的独立学科，其范畴已不局限于手术室内，还包括特殊临床麻醉、急慢性疼痛诊疗及门诊、ICU、心肺脑复苏和癌痛治疗及血管痉挛性疾病的治疗等。麻醉师的职责在于保证病人在无痛、安全的前提下和手术医师共同完成手术。因此，麻醉科医师真正称得上是"无影灯下的生命保护神"。

经过科学家不懈的努力，人们发现了麻醉剂，减轻了人类的痛苦，挽救了更多病人的生命。麻醉药的持续研究与开发，进一步提高了人类生存的能力和生活的质量，造福了人类。但是，麻醉药必须合理使用和监管，否则会因滥用而危害社会。在医学实践中积累的经验知识是麻醉药不断发展的重要源泉，医学实践的发展为麻醉药研究不断创造出新的试验手段，医学实践是检验麻醉药药理作用的最终和最可靠标准，创造性思维推动麻醉药不断向前发展。

参考文献

[1] M M Bezerra, R A C Leao, L S M Miranda, et al. A brief history behind the most used local anesthetics. Tetrahedron, 2020, 76: 131628.

[2] K Hirota, D G Lambert. Ketamine: history and role in anesthetic pharmacology. Neuropharmacology, 2022, 216: 109171.

[3] 任占杰, 张成明, 黄爱杰, 等. 吸入麻醉药发展历程中的哲学思维. 当代医学, 2009, 15(07): 67-68.

[4] 王丹, 孟晶, 武玉清, 等. 麻醉药理学课程思政实践探索. 卫生职业教育, 2020, 38(9): 38-39.

[5] 林雪, 杨鑫, 席宏杰, 等. 临床麻醉学线上线下思政协同育人的破冰研究. 全科医学临床与教育, 2022, 20(7): 577-578.

(作者：高文霞)

56 保罗·阿纳斯塔斯与绿色化学的 12 项基本原则

1998 年，美国人保罗·阿纳斯塔斯（P. T. Anastas，"绿色化学之父"）和沃纳（J. C. Warner）出版了《绿色化学理论与应用》。此书不但继承了传统化学的精髓，而且有观念上的创新发展，其目标是既从根本上保护环境又可以持续发展，成为绿色化学领域的经典之作。

什么是"绿色化学"？保罗·阿纳斯塔斯认为，绿色化学不仅是一门学科或产业，也是一种新的思维方式，是关于日常生活的产品和生产过程的重新设计。其核心是利用化学原理从源头减少和消除工业生产对环境的污染，将反应物的原子全部转化为期望的最终产物。

译文：绿色化学，让我们的星球未来更美好！　　——保罗·阿纳斯塔斯

在此基础上，保罗·阿纳斯塔斯提出了绿色化学的 12 项基本原则，并致力于推动绿色化学生产，这些原则现已成为世界化工界的共识。

12 项基本原则如下：

① 防止——防止产生废弃物要比产生后再去处理和净化好得多。

② 原子经济——设计这样的合成程序，使反应过程中所用的物料能最大限度地进到终极产物中。

③ 危害性较小的合成反应——设计合成工艺只选用或产出对人体或环境毒性小，最好是无毒的物质。

④ 生成的化学产品是安全的——设计化学反应的生成物不仅具有所需的性能，还应具有最小的毒性。

⑤ 溶剂和辅料是较安全的——尽量不用辅料（如溶剂或析出剂），当不得已使用时，尽可能是无害的。

⑥ 能量的使用要讲效率——尽可能降低化学过程所需能量，还应考虑对环境的影响和经济效益。合成过程尽可能在大气环境的温度和压强下进行。

⑦ 用可以回收的原料——只要技术上、经济上是可行的，原料应能回收而不是废弃。

⑧ 尽量减少衍生物——应尽可能避免或减少多余的衍生反应（用于保护基团或取消保护和短暂改变物理、化学过程），因为进行这些步骤需添加一些反应物，同时也会产生废弃物。

⑨ 催化作用——催化剂（尽可能是具选择性的）比符合化学计量数的反应物更占优势。

⑩ 要设计降解——按设计生产的生成物，当其有效作用完成后可以分解为无害的降解产物，不残留在环境中。

⑪ 防止污染的进程能进行实时分析——需要不断发展分析方法在实时分析、进程中监测，特别是对形成危害物的控制上。

⑫ 防止事故发生——在化学过程中，反应物（包括其特定形态）的选择应着眼于使发生释放、爆炸、着火等化学事故的可能性降至最低。

由于保罗·阿纳斯塔斯在绿色化学方面所作的贡献，2009年5月由美国总统奥巴马（Obama）提名为美国环保局负责研究开发的助理局长，并且在2021年荣获沃尔沃环境奖，这是世界上最具影响力的环境科学奖项之一。评奖委员会表示，"保罗·阿纳斯塔斯的研究正在革命性地改变化学工业，这是应对可持续性挑战的重要贡献"。保罗·阿纳斯塔斯在环境科学领域有着很高的学术地位，被称为绿色化学之父。

参考文献

[1] 牟涛,郝丽杰,汪建江.绿色化学.天津:天津科学技术出版社,2018.

[2] 程海涛.2022年美国(总统)绿色化学挑战奖项目评述.现代化工,2022,42(11):9-11.

[3] 王蓉.绿色化学在三废治理中的应用.化工设计通讯,2023,49(3):194-196.

（作者：张小红）

57 瑞典化学家舍勒和他的杰出贡献

卡尔·威尔海姆·舍勒（Carl Wilhelm Scheele，1742—1786），瑞典著名的化学家。舍勒刚出生时家境殷实。但两岁时，他父亲的公司破产。舍勒勉强上完小学后，由于家里没有足够的钱为他支付学费，年仅14岁的舍勒就去药店里当了一名学徒。在这里舍勒遇到了他人生的第一个导师：药店的老药剂师马丁。马丁学识渊博，有着高超的药学实验技巧，还能自己制药。在马丁的引导下，舍勒对化学产生了浓厚的兴趣，阅读了许多化学著作，并自己动手制造了一些实验仪器进行科学研究。由于舍勒的实验工作都在简陋且寒冷的实验室进行，并且还经常在夜间工作，这大大损害了他的健康。1786年5月21日，年仅44岁的舍勒离开了这个世界。在舍勒短暂的一生中，他取得的成就非常显著。舍勒一生共发现或制备的新物质达到三十多种。他的研究涉及化学的各个分支，在无机化学、矿物化学、分析化学，甚至有机化学、生物化学等诸多领域，他都作出了杰出贡献。下面列举舍勒的一些主要贡献。

一、发现氧气

1767 年,舍勒在加热硝石(硝酸钾)时,得到一种称为"硝石的挥发物"的物质。通过反复做加热硝石的实验,舍勒发现把硝石放在坩埚中加热到通红时,会放出干热的气体,该气体无臭无味、遇到烟灰的粉末就会燃烧,放出耀眼的光芒。这种现象引起了舍勒极大的兴趣,通过加热氧化汞、高锰酸钾、碳酸银、碳酸汞、硝酸锰等,舍勒都得到了这种气体。

舍勒把这些实验结果整理成一本书,书名叫《火与空气》,此书书稿 1775 年底送给出版专家斯威德鲁斯(Druce),但书稿在出版社压了两年,一直到 1777 年才出版。而英国化学家普利斯特利(Priestley)于 1774 年发现氧气后,很快就发表了论文,时间比舍勒还早。因此,化学史上都认为舍勒和普利斯特里各自独立地发现了氧气。

二、发现氯气

18 世纪的后期,由于冶金工业的发展,人们开展了对各种矿石的研究。其中有一种软锰矿,舍勒经过 3 年研究,确定它是一种新金属的氧化物,按当时的说法它是"脱燃素的新金属",舍勒把这种金属命名为锰。舍勒在这种软锰矿的研究中发现了氯气。软锰矿不溶于稀硫酸和稀硝酸中,但能溶于盐酸,并立即冒出一种令人窒息的黄绿色气体,它和加热王水时所产生的气体相像,使人的肺极其难受。他用这种气体做了种种实验,发现它微溶于水,使水略有酸味;具有漂白作用,能使蓝色的纸条几乎变白,又能漂白有色花朵和绿叶;还能腐蚀金属;在这种气体中的昆虫会立即死去,火也立即熄灭。由于他虔信燃素学说,误认为这是由于"脱燃素的锰"(二氧化锰)从盐酸中夺去了燃素而产生了这种气体,因此称它为"脱燃素盐酸",而没有认为它是一种元素。后面被英国化学家汉弗莱·戴维(Humphry Davy)确定并命名为氯。

三、其它无机化学领域的发现

舍勒还发现了氮气、砷酸、钼酸、钨酸、亚硝酸、氟化氢、砷化氢、亚砷酸铜、氰化氢和氰化物等。

四、有机化学领域的发现

舍勒证明植物中含有酒石酸,从柠檬中制出柠檬酸晶体,从肾结石中提取出尿酸,从苹果中发现苹果酸,从酸牛奶中发现乳酸,曾提纯过没食子酸等。

舍勒1775年当选为瑞典科学院成员，他的工作给人类带来了巨大的利益，他一生致力于化学事业，他认为化学"这种尊贵的学问，乃是奋斗的目标"。舍勒逝世后，瑞典人民十分怀念他，在他150周年和200周年诞辰时，人们给他举行了隆重的纪念会，这种会议也成了化学家们进行学术交流的场所。舍勒的遗作大部分都整理出版了。在科平城和斯德哥尔摩都为他建立了纪念塑像，他的墓地前立有一块朴素的方形墓碑，碑上的浮雕是一位健美男子，高擎着一把燃烧的火炬。舍勒的这种对化学事业的执着和勇于奋斗的精神值得我们学习。

参考文献

[1] 王绍宗.谢世百年受奖的化学家—舍勒.中学生数理化(高中版),1987(10):55.
[2] 小马车丛书编委会.化学家的故事.北京：中国地图出版社，2021.
[3] 小瑞，赵焯铨.舍勒：氧气的发现者.少儿科技,2014(14):15-16.
[4] 盛根玉.各自独立发现氧气的化学家.化学教学,2011(2):59-62.

（作者：张小红）

58 原子弹与中国氟化学

黄耀曾院士

黄维垣院士

1964年10月16日,东方一声巨响,震惊整个世界。在新疆罗布泊的上空,中国第一颗原子弹爆炸成功,中国成为世界上第5个拥有核武器的国家。

在原子弹的研制中,氟油与甲种分离膜、高能炸药一起并称为制造原子弹最紧迫的三项关键技术。浓缩铀的过程离不开将氟化铀气体进行扩散浓缩的扩散分离机,而没有氟油这种特殊的润滑油,扩散分离机就无法正常运转。而且,由于氟化铀具有很强的腐蚀性,这种润滑油必须能够耐强腐蚀。在原子弹研制之初,我国主要依靠苏联提供氟油。但随着中苏关系恶化,1960年8月苏联撤走在华技术专家并停止供应氟油。如果不能及时研制和生产出自己的氟油,机器就不得不停止运转,从而给原子弹研制造成不可估量的损失。

1960年11月,在我国有机氟化学及金属有机化学奠基人黄耀曾院士和黄维垣院士领导下,这项艰巨的任务交给了中国科学院上海有机化学研究所当时年仅28岁的副研究员王志勤,他带领10余位研究人员展开此研究,仅用了两年多就完成了氟油的研制和生产。黄耀曾、黄维垣、王志勤等经过不懈努力,按时保质保量完成任务，满足国家的急需，为中国成功地爆炸第一颗原子弹作出重要贡献。钱三强曾赞誉这项工作"让我国原子弹比原计划提前一年爆炸"。

原子弹爆炸成功的背后离不开我国氟化学研究取得的进展，而我国氟化学的研究从无到有，从弱到强都离不开一个人——黄维垣。黄维垣院士于1949年顺利完成硕士学位论文《中药葶苈的化学成分的研究》，获岭南大学理学硕士学位。同年赴美国哈佛大学攻读博士学位，师从弗赛尔教授，从事甾体化学的反应和化学转化研究。1952年，获得了博士学位后，满腔热血的黄维垣立即向波士顿美国移民局提交了回国申请，但被美国移民局拒绝。直到1955年4月，克服种种困难的黄维垣终于得到美国移民局的离境许可，决定即刻回国。而此时本准备赴美攻读研究生的妻子陈玉凤却得到了赴美留学的签证。为了实现丈夫的理想，她毅然放弃了自己多年的梦想，全力支持丈夫的事业。

1958年6月，就在黄维垣对甾族化合物的研究进行得如火如荼时，国家下达通知，国防建设急需一批研究人员进行有机氟化学和含氟材料的研究。面对国家的迫切需求，黄维垣毅然放弃了自己热爱并专注了近十年的甾体化学及天然产物化学的研究，转向氟化学研究。可是，当时国内氟化学的研究基础基本为零，从没有研究者从事过氟化学相关的实验研究，也没有专业的实验装置和设备。面对重重困难，黄维垣并没有放弃，他和丁宏勋研究员一起设计并搭建仪器，亲自动手做实验，慢慢摸索，逐渐成长。

经过黄维垣一行人的努力，终于研制出了各种含氟油脂和氟塑料、氟橡胶，为1964年我国原子弹的提前试爆作出了巨大的贡献，并培养出了中国第一批氟化学研究人员，为我国未来有机氟化学的研究夯实了基础。

参考文献

[1] 刘金涛.中国有机氟化学研究40年.化学通报,2001(01):60-63.

[2] 欧进国.著名有机化学家黄维垣.科协论坛,1999(01):27.

[3] 张宏志,李建.黄维垣：卓越的有机氟化学家.自然辩证法通讯,2022,44(06):119-126.

[4] 刘如楠.黄维垣院士：国家的需要就是我的课题.智慧中国,2022(01):56-58.

[5] 唐勇,戴立信.有机化学中新兴领域的积极开拓者：黄耀曾先生.化学进展,2012,24(9):1623-1631.

（作者：刘妙昌）

59 研究论文
——芳环断裂制备烯基腈

2021年7月19日，北京大学药学院、天然药物及仿生药物国家重点实验室焦宁研究团队在 Nature 期刊报道了关于芳环选择性催化断裂转化的突破性研究成果。

该团队解决了惰性芳香化合物选择性催化开环转化的重大科学难题，开发出一种新型催化惰性碳碳键活化模式，首次实现了苯胺等多种简单易得的芳烃衍生物到烯基腈的转化。

碳碳键是构筑大部分有机分子骨架的最基本结构，其选择性断键/成键反应被认为是新一代物质转化的途径。但是，由于键能高、活性低、选择性难以控制等挑战，碳碳键的断裂转化是化学领域公认的难题之一。自1825年法拉第（Faraday）发现苯以来，芳环由于其共轭、稳定的环状结构，通过催化实现芳环选择性地开环断裂转化更是鲜有文献报道。

焦宁说："此次发现，就是像是找到了精准切割原石的'激光刀'，可以高效实现一些取代芳环的切割开环转化。"这类新反应的高效实现，有望为来自原油和煤炭的简单芳烃的高附加值转化提供新的途径，也可为生物质的降解利用、功能材料分子及药物活性分子的修饰提供新方法。

参考文献

X Qiu, Y Sang, H Wu, et al. Cleaving arene rings for acyclic alkenylnitrile synthesis. Nature, 2021, 597: 64-69.

（作者：邵银林）